把信送給加西亞

A Message to Garcia

《紐約時報》
《華盛頓郵報》
推薦世紀暢銷經典

阿爾伯特・哈伯德 Elbert Hubbard 著

李慧泉 譯

全世界最暢銷的十本書之一！

這是一本內容十分豐富的讀物，我把這本書推薦給每個人。——《華盛頓郵報》

這是一個關於一名軍人透過自己的努力獨立完成任務的故事。
它被翻譯成多種語言文字，並且成為成功的典範。——《紐約時報》

這本書太可怕了，它把一切都說了！—— 美國前總統 喬治・布希

世界500大企業員工必讀

不要做有才華的窮人

——中文版序

在每個人都追求個性的今天，翻譯出版這本書看似不合時宜，實則極為必要。網路時代，全世界都在談論「變化」、「創新」等時髦的概念，重提「忠誠」、「敬業」、「主動」、「服從」、「信用」之類的話題，未免會讓人覺得無趣。

然而，只要可以靜心冥想，你就會發現，無論在什麼時候、在什麼地方，員工的忠誠和敬業精神都是不可缺少的。職業精神的缺失和職業道德的風險，無時無刻不在困擾企業的管理者們。經濟的快速發展與價值觀念的轉變，也帶走許多有價值的東西，包括基本的商業精神——勤奮、敬業、誠實、守信。

如今，許多年輕人把經常換工作當作生活的常態，把善於投機取巧當作炫耀的本事。這樣的人通常是老闆轉身以後就懈怠，沒有人監督就無法正常工作；即使勉強工作，也是拖延疏忽、敷衍了事；工作多年，無法得到加薪與升遷，總是尋找各種藉口為自己辯解。拖沓、消極、懷疑、抱怨……各種職業病如同瘟疫一樣，在企業、在部門、在學校蔓延著……

這些整天抱怨的年輕人，真的是天賦不如別人嗎？不是這樣的！這些人之中，有許多人有極其卓越的才華，但是他們只有才華，卻沒有責任心，缺乏敬業精神，於是他們逐漸變成一個又一個的可憐蟲。

放眼望去，在現實世界裡，到處都是有才華的窮人。為什麼？

管理者們也經常發出這樣的感歎，到哪裡可以找到「把信送給加西亞的人」？

目前，許多公司的管理者們，對行動家情有獨鍾，堅持不懈地尋找「可以把信送給加西亞的人」（不問緣由，只知道忠實執行任務的行動家）。遺憾的是，這樣的人越來越少。這種人在每個城市、村莊、城鎮，每家公司、商店、工廠，都會成為最受歡迎的人。世界上需要這種人才，這種可以把信送給加西亞的人。

如今，「送信」已經變成一種具有象徵意義的東西，變成一種忠於職守、信守承諾、敬職敬業、自動自發的象徵。在現實的世界，我們需要這樣的「送信人」。

有些人對《把信送給加西亞》頗有微詞，認為它是一本站在管理者角度寫出的書，是在給員工洗腦，是在發表奴役和壓榨別人的言論，認為這本書有失公正。說這種話的人，一定沒有認真讀這本書，沒有真正體會這本書的深意。忠誠和敬業不僅僅有益於公司和老闆，最大的受益者是員工自己，是正在努力的千千萬萬的員工自己。養成一種職業的責任感和對事業高度的忠誠，會讓你成為一個值得信任的人，一個可以被委以重任的人，一個到處都受歡迎的人。這種人永遠會被老闆看重，永遠不會失業。這種人善於向老闆學習，有超越老闆的能力。那些懶惰、終日抱怨、到處誹謗的人，即使獨立創業，自己為自己工作，也很難改變已經形成的那些惡習。

興趣是最好的老師，社會是最好的大學。《把信送給加西亞》的故事超越許多大學裡教導的那些理論，它的影響不僅僅局限於一個人、一家公司、一個國家，甚至人類文明的發展也有賴於這本書中揭示的道理。正如作者在書中所說：「文明的進步，就是孜孜不倦地尋找這種人才的長久過程。」

經歷一百多年的風雨洗禮，《把信送給加西亞》依然是歷史上最偉大的作品之一。根據二〇〇〇年的《哈奇森年鑑》、《出版者週刊》統計，此書可以排在全球最暢銷圖書第六名，前五名分別是：《聖經》、《毛澤東語錄》、《麥加菲讀本》、《英語語法原理》、《金氏世界紀錄大全》，其暢銷實力和受歡迎程度可見一斑。美國西點軍校長期以來將此書作為講授獨立性和主動性課程的教材；美國前總統小布希擔任州長的時候，曾經在這本小書裡簽名，並且把它贈送給自己的部屬；許多跨國公司要求所有員工人手一冊。

現在，我要再次把這本書推薦給所有讀者。書中深入細緻的闡述，值得所有員工細心捧讀。

譯者　李慧泉

一本震撼心靈的書

——英文版序

在商界，對於一位管理者來說，《把信送給加西亞》可以給你的團隊一些重要的啟示。從內容上看來，這是一本勸告員工如何自動自發工作的書籍，然而一個世紀以來，卻在更廣泛的領域被人們應用。

在軍界，美國西點軍校和海軍學院的學生都要上一門關於獨立性和主動性的課程。這門課程的教材就是這本題為《把信送給加西亞》的小冊子，這本小冊子讓一屆又一屆的學員受益匪淺。

在政界，《把信送給加西亞》也成為培養公務員敬業守則的必讀書籍。布希家族的成員深受這本小冊子的影響，小布希曾經在這本小冊子裡簽名，把它贈送給自己的助手。他希望自己的助手可以像羅文一樣去做，所以他把這本書送給自己的助手。

這本窄小、只有支票簿大小的小冊子——《把信送給加西亞》，總是放在小布希辦公室最後一張桌子上。小布希在自己的簽名上面寫下一句話：「你是一個送信者！」寫下這句話到底是什麼意思？小布希做出解釋：「我把它獻給所有那些在政府建立之初與我們一起奮鬥的人。我尋找那些自動自發的人，我要讓他們成為我們之中的一員。這樣的人不需要去監督，而且具有堅毅和正直的品格，他們就是改變世界的人！」

於是，一些政府機構把這本小冊子的複印稿釘在牆上，要求讀過的人簽名，結果紙上是密密麻麻的簽名。

小布希又是如何讀到這本書？這與賴特律師有關。作為一位奧蘭多的律師，賴特長期效力於老布希和小布希。1998年，小布希競選總統的時候，賴特向他推薦這本書。

賴特這樣描述他的推薦過程：「我的道德標準是：得到一份工作，就要全力以赴地去做。我向這位候選人推薦這本書的時候，他說：『我不會對這些東西感興趣。』我說：『請讀一讀，只需要喝一杯咖啡的時間，它不是新時代的東西，但是它永遠不會過時。』我再次遇見他的時候，他已經讀過這本書。他的反應正如我預料的那樣，他說：『這本書太震撼了，它把一切都說了。』」

《把信送給加西亞》的故事發生在1898年，出版於1899年。故事中展現的那種精神，許多領導者推崇不已。尤其是以下這段話，更是發人深省：美國總統把寫給加西亞的信交給羅文，羅文接過信之後，沒有問：「加西亞將軍在哪裡？」

像羅文這樣的人，我們應該為他豎立一座豐碑，放在每一所大學校園裡。對於年輕人來說，他們需要的不僅僅是學習書本上的知識，也不僅僅是聆聽別人的教誨，而是一種敬業主動的精神。對於上級交辦的任務，可以立刻行動，全力去完成，才是讓人敬佩的年輕人，就像把信送給加西亞的羅文一樣。

這本書不能簡單地被認為是一首歌頌英雄的讚歌，而是應該被看作是一本成功勵志的佳作，值得每個有夢想的人去讀，並且把「敬職敬業，自動自發」作為做人做事的標準。

原版作者序

1899年2月22日——華盛頓的誕辰日——我們準備出版三月份《菲利士人》，我寫了一本小冊子，就是這本——《把信送給加西亞》，它是我在晚飯以後寫成的，只用了一個小時的時間。

在勞累一天之後，我提筆寫下這本讓我心潮澎湃的小冊子。當時，我正在努力教育那些行為不良的市民提高覺悟，不要渾渾噩噩、無所事事，必須重新振作起來，開創新的生活。

儘管我的選題靈感是來自於喝茶時的一個小小的辯論，但是卻給我一個很大的觸動，它暗示我應該為此做一些事情。我最親愛的兒子認為，羅文是古巴戰爭中真正的英雄，他獨自一人前往古巴，完成一件非常了不起的事情——把信送給加西亞將軍。

羅文的形象就像火花一樣，在我的頭腦中綻放！是的，我的兒子是對的，英雄就是出色地完成自己工作的人，英雄就是可以把信送給加西亞的人，我知道我要做什麼了。我從桌子旁跳起來，洋洋灑灑，寫下這本《把信送給加西亞》。緊接著，我毫不猶豫地把這篇還沒有標題的文章刊登在當月的雜誌上。

第一版很快售罄。不久，請求加印三月份《菲利士人》的訂單像雪片般飛來，要12份，要50份，要100份……美國新聞公司甚至訂購1,000份，這真的出乎我的預料，我問我的助手：「是哪一篇文章引起這麼大的轟動？」他說：「是關於加西亞的那篇文章。」至此，我終於恍然大悟。

第二天，紐約中央鐵路局的喬治・丹尼爾竟然也發來一份電報：

訂購10萬份關於羅文的文章的小冊子……

請報價……

封底有帝國快遞廣告……

用船裝運……

大概需要多久時間……

很快，我報價給他，並且告訴他，我們可以在兩年的時間內提供關於羅文的文章的小冊子。也許你覺得這個時間有些長，但是當時的印刷設備十分簡陋，10萬冊書不是一個小數目，簡直是一個可怕的任務。

我們按照丹尼爾先生的要求，重印關於羅文的文章的小冊子。最後的結果是：丹尼爾先生竟然銷售出將近50萬本這樣的小冊子，其中的兩三成是由丹尼爾先生直接銷售。除此之外，這篇《把信送給加西亞》在200多家雜誌和報紙上轉載刊登，陸續被翻譯成許多語言在全世界流傳。

就在丹尼爾先生熱銷《把信送給加西亞》的時候，俄國鐵路局總長希拉科夫親王正好在紐約。他接受紐約政府的邀請進行訪問，丹尼爾先生得以親自陪同他參觀紐約。

於是，希拉科夫親王看到這本小冊子，並且對它產生濃厚的興趣。希拉科夫親王回國之後，讓人把此書譯成俄文，並且發給俄國鐵路工人人手一冊。

至此之後，其他國家紛紛效仿，相繼翻譯引進，這本小冊子迅速地從俄國流向德國、法國、西班牙、土耳其、印度、中國。《把信送給加西亞》遍地開花，這是我從來沒有想過的事情。

在日俄戰爭期間，每個上前線的俄國士兵人手一冊《把信送給加西亞》。日本人經常會在俄國士兵的遺物中發現這樣的小冊子，他們斷定這本小冊子是一件十分有價值的東西，於是這篇文章又被日本人翻譯成日文，因此有日文版。

日本天皇甚至頒布一道命令：每個日本政府官員、戰場士兵、平民百姓都要人手一冊《把信送給加西亞》。現在可能覺得不可思議，但是當時確實如此。

迄今為止，《把信送給加西亞》的印量已經高達4,000萬冊。可以肯定地說，在任何一個作家的有生之年，在任何人的文學生涯之中，沒有一個人可以獲得如此成就，沒有一本書的銷量可以達到這個讓人歎為觀止的數字！

歷史往往就是由許多的偶然事件組成，不是嗎？

阿爾伯特・哈伯德

1913年12月1日

原出版者手記

紐約東奧羅拉的羅伊科羅夫特出版社的創始人之一——阿爾伯特·哈伯德，是一位堅強的個人主義者，一生都在勤奮努力、堅持不懈地工作。然而，所有的一切於1915年與被德國魚雷擊沉的盧西塔尼亞號輪船一起沉入海底，一個從來不氣餒的鬥士就這樣結束他的生命。

1856年，哈伯德出生於伊利諾州的布盧明頓。後來，這個地方因為羅伊科羅夫特出版社出版、印刷、發行的優質出版物而聞名於世。在羅伊科羅夫特出版社工作的日子裡，哈伯德出版兩本雜誌：《菲利士人》和《兄弟》。哈伯德思維敏捷，文思泉湧，雜誌中許多文章都是出自他的手。他也是一位演講高手，在寫作出版的同時，致力於公眾演講。他在演講方面取得的成就，不亞於在寫作出版方面的成績。

《把信送給加西亞》來得太過猛烈，從最初出版的那一刻，就贏得非同尋常的讚譽，這是哈伯德始料未及的。在《原版作者序》中，他描述這種成功的盛況。

《把信送給加西亞》的內容不複雜，故事中的那個送信的英雄，就是安德魯·羅文——美國陸軍一位年輕的中尉。當時，正值美西戰爭爆發之際，美國總統麥金利需要一個可以獨自把信送給加西亞將軍的人，這個任務十分艱鉅，也十分重要，軍事情報局毫不猶豫地推薦羅文。總統聽了以後，只說了「派他去」這三個字。

在沒有任何護衛的情況下，羅文孤身一人出發了，一直到他秘密登上古巴島，古巴的愛國者們才派了幾個當地的嚮導給他。在送信的過程中，經歷無數的驚險，甚至幾次與死神擦肩而過，然而羅文卻謙虛地說，當時只是受到幾個敵人的包圍，他只是設法從中逃出來，並且把信送給加西亞將軍，比起生命來說，這個太重要了。

在送信的過程中，有許多意想不到的困難處境，但是在這位年輕中尉的心中只有一個目標——把信送給加西亞，他迫切希望完成這個任務，心中裝有絕對的勇氣和不屈不撓的精神。在他自動自發的努力之下，他真的做到了。為了表彰他做出的貢獻，美軍高級官員為他頒發獎章，並且高度稱讚他：「這項任務異常艱鉅，但是我認為羅文中尉表現出來的英勇無畏的精神，將會永載史冊！」美國總統麥金利賀信的最後一句話是：「你勇敢地完成任務！」

毫無疑問，羅文出色地完成任務，但是值得人們深思的是：羅文為什麼會取得成功？我認為，羅文取得成功最重要的因素不是因為他傑出的軍事才能，而是在於他優良的品格。因此，英勇無畏的羅文精神，將會永載史冊！

CONTENTS

目錄

第二章　如何把信送給加西亞——安德魯·羅文自述

第三章　可以把信送給加西亞的人

下篇　做一個自動自發的人

第四章　對待工作：熱愛、努力、勤奮

第五章　對待公司：敬業、責任、忠誠

第六章　對待老闆：理解、感恩、學習

第七章　對待自己：誠實、自信、樂觀

第八章　對待細節：謹慎、專注、耐心

附錄一　哈伯德成功信條

附錄二　把信送給加西亞（英文原文）

上篇

把信送給加西亞

告訴我，誰可以把信送給加西亞？

磨難是走向成功的必經之路，傑出的人都是可以承受各種磨難的人。

主動要求承擔更多的責任，或是自動承擔更多的責任，是成功者必備的素質。

敷衍了事的工作會傷害你的老闆，但是受傷更深的是你自己！

| 第一章 |

誰可以把信送給加西亞？

可以把信送給加西亞的人是很少的。很多人滿足於平庸的現狀，在推諉、偷懶、取巧中，應付每一天。其實，生活需要的不是問題，而是解決問題。

把信送給加西亞

在我知道的所有與古巴有關的事情中，有一個人的不朽形象始終讓我難以忘懷。

1898年，美西戰爭[1]爆發之後，美國需要立刻與西班牙反抗軍首領加西亞將軍取得聯繫，但是加西亞將軍隱藏在古巴的崇山峻嶺之中，沒有人知道他確切的藏身地點，想要與他聯繫更是難上加難。

然而，戰事的發展，迫使美國總統必須想盡辦法與加西亞將軍聯繫。

怎麼辦？

這個時候，有人向美國總統麥金利[2]推薦一個人，推薦人說：「我們的軍隊中，有一個名叫羅文的人，如果有人可以找到加西亞將軍，那個人就是羅文。」

於是，他們將羅文叫過來，交給他一封寫給加西亞將軍的信。那個名叫羅文的人，拿了信，把信裝進一個油紙袋裡，把它封好，吊在胸

---

1. 美西戰爭：美西戰爭是美國為奪取西班牙屬地古巴、波多黎各、菲律賓而發動的戰爭。1898年2月15日，美國派往古巴護僑的軍艦「緬因」號在哈瓦那港爆炸，美國以此事件為藉口，於4月22日對西班牙採取軍事行動。

2. 美國總統麥金利：威廉・麥金利（1843.1.29—1901.9.14）是美國第25任總統，他在位期間發動美西戰爭。戰爭的結果是奪取原本屬於西班牙的古巴、波多黎各、菲律賓、關島，並且吞併夏威夷。他曾經派兵參加「八國聯軍」大肆掠奪中國的惡行。

口就出發了。三個星期之後，他徒步穿越一個危機四伏、戰火紛飛的國家，把信交到加西亞將軍的手上。羅文送信的細節與艱辛不是我想要說的，我想要說的是，美國總統把寫給加西亞的信交給羅文，羅文接過信之後，沒有問：「加西亞將軍在哪裡？」

像羅文這樣的人，我們應該為他豎立一座豐碑，放在每一所大學校園裡。對於年輕人來說，他們需要的不僅僅是學習書本上的知識，也不僅僅是聆聽別人的教誨，而是一種敬業主動的精神。對於上級交辦的任務，可以立刻行動，全力去完成，才是讓人敬佩的年輕人，就像把信送給加西亞的羅文一樣。

如今，當年的加西亞將軍已經不在人世，但是我們還可以遇到其他的「加西亞」。戰爭年代需要羅文這樣的人，和平年代更是需要。在一家人數眾多的公司，大多數人碌碌無為，要麼沒有能力，要麼不用心，這太令人驚訝了。

懶散拖沓、缺乏熱情、敷衍了事的工作態度，已經變成一些公司裡的常態。想要改變這種狀況，除非苦口婆心地勸解、威逼利誘地強迫，否則奈何不了他們。你也可以祈求上蒼，派一位天使相助，否則這些人有的是閒工夫混時間。

如果不相信，我們來設置一個場景，做一個試驗：

例如：你是某公司的老闆，坐在辦公室裡，對面有六個員工正在等待你安排任務。你隨意將其中一位叫過來，對他說：「請把科雷吉歐的生平做成一篇摘要，可以查閱百科全書。」

他會怎麼表現？他會直接回答「好的，我立刻去做」嗎？

我敢跟你打賭，他絕對不會，他會用充滿疑惑的表情看著你，然後接連不斷地提出：

科雷吉歐是誰？

這個人還在世嗎？

我要查哪一套百科全書？

那套百科全書放在哪裡？

按照程序，這是我的工作嗎？

為什麼不叫喬治去做？

這件事情急不急？

我們為什麼要查這個人？

我敢以十倍的賭注跟你打賭，在你回答他提出的問題之後，解釋如何查那些資料之後，以及為什麼要查的理由之後，這個員工才會走開，不要以為他去查閱了，如果他有助手，他是去吩咐助手幫他查閱。他的助手也不可能是像羅文一樣的人。於是，這個員工會回來告訴你，查不到科雷吉歐。當然，我也許會輸掉賭注，但是那樣的機率太小了，我相信自己不會輸。

事實上，如果你是一個聰明的傢伙，不應該對那個員工解釋，科雷吉歐編在哪部百科全書裡。你應該面帶笑容地說：「算了，我自己來。」然後自己去查。

這種被動的做法，這種惡劣的品格，這種薄弱的意志，這種姑息的作風，有可能將我們的社會帶到互相推諉、不做實事的危險境地。

如果你無法自動自發地為自己工作，怎麼可能期待別人可以自動自發地為你工作？

表面上看來，任何一家公司都有幾個不可或缺的員工，事實真的是這樣嗎？如果你刊登一則應徵速記員的廣告，應徵的十個人之中，會有九個人不會拼也不會寫，更可怕的是：這些人甚至認為不會這些也沒有什麼了不起。

你可以指望這樣的人把信送給加西亞嗎？

一家公司的總經理指著一個員工，對我說：「你看那個員工。」

「看到了，怎麼了？」我不解地問。

這位總經理搖搖頭說：「這個人是一個精通業務的會計，如果我派他去城裡辦一件小事，他或許可以完成任務，但是他非常有可能中途走進一家酒館。到了市區，他甚至會完全忘記自己來做什麼的。」

你可以派這樣的人把信送給加西亞嗎？

最近，我們經常會聽到許多人發出同情心。他們對那些「收入微薄卻毫無出頭之日」以及「只能溫飽卻無家可歸」的人表示同情，同情者會覺得那些老闆喪盡天良，進而將他們罵得體無完膚。

但是，這些人難道沒有看到，有些老闆如何從滿頭黑髮熬到白髮蒼蒼？即使老闆們苦口婆心，也無法使那些不求上進的員工變得勤奮。這些人難道沒有看到，有些老闆如何以最大的耐心，容忍那些他轉身以後就投機取巧、敷衍了事的員工？

在任何公司和企業，經過一段時間，都會做出一些常規性的調整。公司和企業的負責人經常會送走那些對公司沒有任何貢獻的員工，同時迎來一些新的成員。無論公司和企業的業務如何繁忙，這種調整一直在進行。經濟危機來臨之際，缺少就業機會的時候，這種調整非常有效。這種常規性的調整，讓那些懶惰敷衍的人另尋他路。這種常規性的調整，讓那些敬職敬業、自動自發的人留下來。公司和企業要獲利，因此每個老闆都期望留下那些最優秀的員工——那些可以把信送給加西亞的人。

我認識一個十分精明的人，這個人雖然不笨，但是缺乏創造能力，對別人來說，沒有多大的價值。而且，他總是偏執地認為老闆在壓榨他，或是有壓榨他的企圖。

這個人沒有能力指揮別人，也沒有勇氣接受別人的指揮。如果你讓他把信送給加西亞，他的回答肯定是：「你自己去吧！」

我十分清楚，與那些有殘疾的人相比，這種頭腦有問題的人完全不值得同情。相反地，我們應該對那些用盡畢生精力去經營一家公司或企業的老闆表示同情和敬意。他們不會和員工一樣，下班時間到了就放下工作。他們會努力使那些工作散漫、做事拖延、投機取巧、不知感恩的員工有一份工作。員工們是否可以想一想，如果沒有老闆們的努力和心血，你或許要忍受飢餓的折磨，甚至無家可歸，到處流浪。

我說得嚴重了嗎？不！即使整個世界都變成貧民窟，我也要為老闆們說幾句公道話。這些成功者承受太多的壓力，他們具有強大的引導力量，衝破重重障礙才獲得成功。

反過來想，他們從成功中得到什麼？搖落一樹繁華，除了必備的食物和衣服以外，什麼也沒有得到。

我曾經為了填飽肚子而為別人工作，也曾經為了有一份事業而當過老闆，我深知這兩個方面的酸甜苦辣。貧窮確實讓人覺得難受，貧窮不值得讚美，衣衫襤褸更不是瀟灑，但是並非所有的老闆都像你想像的一樣，是貪婪者、專橫的代名詞，就像並非所有人都有一顆菩薩心腸[3]一樣。

我敬佩那些無論老闆是否在辦公室都會努力工作的人，我敬佩那些可以把信送給加西亞的人——只會安靜地把信拿去，不會提出任何愚笨的問題，更不會隨手把信丟進臭水溝裡，而是全力以赴地把信送到目的地。這種人永遠不會被解雇，也永遠不會為了加薪而罷工。

文明的進步，就是孜孜不倦地尋找這種人才的長久過程。

無論有什麼樣的願望，這種人都可以實現。

在每個城市、村莊、城鎮，每家公司、商店、工廠，他們都是最受歡迎的人。社會上需要這種人才，這種可以把信送給加西亞的人。

告訴我，誰可以把信送給加西亞？

---

3. 菩薩心腸：佛經上說菩薩大慈大悲，普渡眾生，後來經常用以比喻善良的人。

貶損別人，就是低估自己

假設林肯[1]的所有信件和演講資料全部失傳，但是只要那封寫給胡克將軍的信被保存下來，我們就可以清楚地洞悉偉大的林肯不同常人的崇高思想。

透過林肯寫給胡克將軍的信，我們不僅可以瞭解林肯那種難能可貴的自制精神，也可以瞭解林肯如何客觀地駕馭別人。這封信向人們展現一個慈愛、率直、智慧、老練的天才外交家，以及一個胸襟寬廣的偉大總統。

說林肯胸襟寬廣，因為在此之前，胡克將軍曾經粗魯地攻擊自己的總司令——林肯總統，攻擊的言辭非常刻薄，許多地方都有失公允。與此同時，他還羞辱自己的上司伯恩賽德，伯恩賽德和林肯算得上是摯友。對於此事，林肯也是知道的，但是他沒有耿耿於懷，他敬佩胡克將軍的軍事才能，為了讓胡克將軍充分發揮自己的軍事才能，林肯提拔他，讓他取代他曾經攻擊的上司伯恩賽德。也就是說，被誤解的人（林肯）提拔誤解自己的人（胡克將軍），使之取代自己的摯友（伯恩賽德）。

---

1. 林肯：美國第16任總統。他領導美國南北戰爭，頒布《解放奴隸宣言》，維護美國聯邦統一，使美國進入經濟發展的黃金時代，被稱為「偉大的解放者」。

林肯之所以這樣做，完全是從大局考慮，將自己的個人恩怨置之度外。這樣做要有一個基本的前提，那就是：讓被提拔的人瞭解真相，並且可以發揮自己的才華，做自己應該做的事情。於是，林肯以平和的態度，寫了一封信給胡克將軍，理智地消除自己和胡克之間的誤會。

我們將這封信的全文抄錄如下：

胡克少將：

我準備任命你為波多馬克軍司令。我做出這樣的安排，是有充分的理由的。但是，我需要說明的是，我對你的某些做法，不是十分滿意。

但是，你作為一個軍人，驍勇善戰，對此，我是十分欣賞的。

我相信你不會將自己的職業與政治混為一談，對此，我相信你可以做到。作為一個軍人，你在堅守職責方面，我是無可挑剔的。

我知道，你相當自信。我欣賞自信的人，自信雖然不是必不可少，但是其價值何止百萬？

我知道，你血氣方剛，雄心勃勃。如果你可以將自己的這份豪情控制在適當的範圍之內，必定會有所作為。遺憾的是，在伯恩賽德作為你的上司期間，你的這份豪情成為一種障礙。在這一點上，你不夠明智，你犯了一個大錯，因為無論是從國家的角度，還是從這位戰功卓著、值得尊敬的將軍的角度，你都過於刻薄了。

最近，我聽說你到處發表這樣的觀點：軍隊和政府都需要一位真正的獨裁者。我相信你確實說過這樣的話。這一次，我可以對你委以重任，雖然有這個方面的因素，但是不僅僅如此，更重要的是：在我看來，只有那些建功立業的將軍，才有可能成為真正的獨裁者。現在，我要求你取得軍事上的勝利，雖然我冒著失去總統這個職位的危險。請你相信，政府一定會全力以赴支持你，即使不比以往多，也不會比以往少，政府可以對所有的將軍一視同仁，這一點請你放心。但是，你對自己的上司指手畫腳的習慣，我希望可以改掉，否則會影響別人的情緒，而且我擔心這種壞習慣會應驗到你的身上，難道你希望自己的手下在你的背後說三道四、指手畫腳嗎？我會盡自己所能，幫助你改掉這種壞習慣。如果對你放任自流，即使是拿破崙再生，也不會出現轉機！

就是現在，克服你的輕率與浮躁，勇往直前，去爭取勝利吧！

此致

敬禮

林肯

於華盛頓

1863年1月26日

這封信不長，但是卻值得我們深思。一片有毒的土壤裡，只能長出類似龍葵[2]的致命毒物，在一個團體裡也是這樣，那些到處加以嘲笑、吹毛求疵、抱怨和批評的人製造有毒的土壤，同時他們又是有毒的土壤中長出的類似龍葵的致命毒物。

無論是誰，想要做一些事情，就會受到批評、中傷、誤解。就像中國古人所說：「故天將降大任於斯人也，必先苦其心志，勞其筋骨，餓其體膚，空乏其身。」

磨難是走向成功的必經之路，傑出的人都是可以承受各種磨難的

2. 龍葵：茄科，一年生草本植物，中醫學上以全草入藥，性寒，味苦，有毒。

人。傑出的人首先要有強大的自制力，這一點，林肯做到了。他知道每個生命都有它存在的理由，每個人都有自己的優點。但是，林肯不是那種只看見優點看不見缺點的人，他讓胡克將軍意識到，如果放任自己的壞習慣，就會自食其果。就像信中寫到的：「如果對你放任自流，即使是拿破崙[3]再生，也不會出現轉機！」這就是說，一個人的壞習慣會影響別人，別人也會深受其害，但是受害最多的還是自己。

不久之前，我遇到一個放假回家的耶魯大學[4]的學生。透過交談，我可以斷言，他無法代表真正的耶魯精神。這個學生對學校的制度非常不滿，言辭中充滿批評和抱怨。學校的校長是他主要指責的對象，他列舉許多事實和資料，甚至有明確的時間和地點，描述得繪聲繪影、細緻入微。

聽起來是那麼的確有其事，但是我很快就發現問題所在，問題不是出在耶魯大學身上，而是出在這個學生身上——他沒有與自己的學校融為一體，所以格格不入，無法從中受益，只能滿腹牢騷，耶魯大學或許不是一所完美的大學，我想這一點，耶魯大學的校長和教授也會承認。但是，耶魯大學不是一無是處，它確實有自己獨特的優勢，這些優勢是否可以得到充分利用，在於學生自己。

---

3. 拿破崙：拿破崙・波拿巴（Napoleon Bonaparte，1769年8月15日—1821年5月5日），法蘭西第一共和國第一執政（1799—1804），法蘭西第一帝國及百日王朝的皇帝（1804—1814，1815），法蘭西共和國近代史上著名的軍事家、政治家，曾經佔領西歐和中歐的大部分領土，使法國資產階級革命的思想得到更廣泛的傳播，在位期間是法國人民的驕傲，直至今日，一直受到法國人民的尊敬與愛戴。

4. 耶魯大學：坐落於美國康乃狄克州紐哈芬市的私立大學，始創於1701年。該校教授陣容、學術創新、課程設置、場館設施等方面堪稱一流。

如果你是一個大學生，就要充分利用學校現有的資源。此外，衷心地給予學校同情和忠誠，有所施才會有所獲。你是學校的一份子，要以自己的學校為榮，與那些盡職盡責的老師站在一起。如果學校確實有很多缺點，你不應該只是到處指責，而是應該每天努力學習，為別人樹立榜樣，齊心協力將學校辦好，做好自己的事情。

如果你是一個員工，自己就職的公司有問題。首先是老闆，你的老闆刻薄古怪，你不應該背後指責和抱怨，應該走到老闆的面前，心平氣和地告訴他：「我認為，你是一個刻薄古怪的人，你的管理方法有很多漏洞，錯誤百出。」並且提出你的一些中肯的意見。你甚至可以自告奮勇地幫助老闆，幫助他去處理那些不為人知的管理漏洞。

想好以後就去做！如果由於許多原因使你無法達到自己的目的，在堅持和放棄之間，你必須做出選擇。你只能二者擇其一，開始你的選擇吧！

如果你是在為一個人工作，就以上帝的名義：為他工作！做好自己的事情！

如果他是付薪水給你的人，為你解決溫飽，你就要努力地為他工作，並且稱讚他、支持他，站在他的立場考慮事情。

我經常想，如果我是在為一個人工作，就會心甘情願地努力為他工作。我不會有時候支持他，有時候反對他。如果你無法全心全意、持之以恆地做好自己的事情，什麼也不要做。

如果可以捏起來秤量，一盎司的忠誠可以等於一磅的智慧。

如果你無法控制自己不去中傷、責備、輕視別人，為什麼不辭職，然後以旁觀者的心態，審視自己的內心。我懇求你，既然你已經身在其中，就不要再誹謗別人，貶損別人就是低估自己。事實上，貶損別人的時候，就等於在貶損自己。值得提醒的是：鬆開那些看似捆綁自己的繩索，一股強風就會趁機而來，你甚至會被連根拔起，落入暴風雨中——你自己可能都不知道這是為什麼。

到處都可以看見失業的人，與這些人交談的時候，你會發現他們充滿抱怨、指責、誹謗，這就是他們失業的原因。這種吹毛求疵的性格，使他們搖擺不定，也使他們的發展道路越走越窄，最後只會一事無成。這些人與公司的理念格格不入，對公司沒有任何價值，最終不是他們自己離開，公司也會讓他們離開。每個老闆總是不斷地尋找可以助自己一臂之力的人，同時也在觀察那些沒有多大價值的人——任何對公司發展形成阻礙的人，最終都會被解雇。

不要貶損別人，這就是商業法則，是建立在自然法則的基礎上的商業法則。獎賞只會給那些有用的人，想要成為有價值的員工，就要對公司保持同情與忠誠。

你可以用溫和的態度告訴你的老闆，他是一個刻薄的人，他的管理存在一些漏洞，沒有必要貶損他，激起他的不滿，更沒有必要與他爭吵，讓他解雇你。

如果你對別人說自己的老闆是一個刻薄的人，表示你自己也是一個刻薄的人；如果你對別人說自己的公司無可救藥，表示你自己也是無可救藥。

儘管胡克有許多缺點，但是他依然得到提拔。然而，你怎麼可能像胡克那麼幸運，你的老闆也有林肯那樣寬闊的胸襟？話又說回來，如果胡克不改變自己的缺點，即使是林肯也無法永遠保護他。如果胡克戰敗了，林肯就會用其他人取而代之，他會找一個沉著冷靜、不妄加評論、不抱怨別人（甚至敵人）的人來為自己服務。這個人會恰如其分地控制自己的言論，做自己應該做的事情，以絕對的自信、極度的忠誠、無私的奉獻精神，做著胡克將軍沒有做過的事情。

「你屬於哪一種人？」

我們經常可以聽到以下耳熟能詳的話語：

現在是午休時間，三點以後再打過來吧！

那不是我的工作。

我很忙。

那是漢曼的工作。

我不知道應該如何回答你。

你試過去圖書館嗎？

對不起，我們現在無法處理這件事情。

你還可以多補充一些嗎？

……

記得有一次，我到一家百貨商店購買一件東西。進門以後，我走到自己想要買的那個東西的櫃檯，可是店員卻把我帶到另一個櫃檯。你知道嗎？在我買到那件東西之前，我被帶到四個不同的櫃檯。如果有人在商店的某處貼出一張杜魯門[1]總統的座右銘：責任到此，不能再推！將是

---

1. 杜魯門：美國第33任總統，任期之內，1945年對日本使用原子彈而使第二次世界大戰迅速結束；1947年提出「杜魯門主義」；1948年批准以扶植歐洲為目的的「馬歇爾計畫」；1953年卸任回鄉。

多麼振奮人心啊！

當然，在這些司空見慣的話語和令人困惑的推諉之外，我們也看到另一些與之相反的情形。

斯拉是一家公司的打字員，有一天，同事們出去吃飯了，董事達斯經過他們部門的時候停下來，想要找一些信件。這不是斯拉份內的工作，但是她欣然回答：「對於此信，我一無所知，但是達斯先生，讓我來幫助你處理這件事情吧！我會盡快找出來，然後送去給你。」她將達斯需要的東西放在他面前的時候，達斯很滿意。

故事到這裡沒有結束。四個星期以後，斯拉被升遷到一個更重要的部門工作，而且薪水提高30%。她的推薦人就是那位董事，在一次公司管理會議上，有一個更高職位的工作空缺，他又推薦她。

世界上很少有報酬豐厚卻不需要承擔責任的好事。想要暫時不負責任當然有可能，但是想要永遠不負責任，就要付出巨大的代價。責任從前門進來的時候，你卻從後門溜走，你失去的是伴隨責任而來的機會！對大多數的職位而言，報酬的多寡和承擔的責任輕重有很大的關係。

主動要求承擔更多的責任，或是自動承擔更多的責任，是成功者必備的素質。大多數情況下，即使你沒有被正式告知要對某件事情負責，也應該積極努力做好它。如果你表現出可以勝任更重要的工作，相應的報酬就會接踵而至。

在英文中，代價最高的三個字是：我沒空！（I haven't time）沒空，就可以放棄和家人相聚的快樂嗎？沒空，就可以忽略那些日益惡化的缺陷嗎？沒空，就可以忽略身體對休息和運動的需要嗎？無論在什麼情況下，不要讓「我沒空」三個字使你無法完成有助於自己獲得幸福的事情。

有兩種人永遠無法獲得成功：一種人是只做別人交代的事情，另一種人是無法做好別人交代的事情。哪一種情況更糟糕，實在很難說。總之，他們會成為首先考慮被解雇的人，或是被調到卑微的職位上，耗盡終生的精力。

用以上所說的任何一種方式做事，或許可以輕鬆一時，卻永無成功之日。在工業時代，雖然聽命行事的能力很重要，但是個人的主動進取精神更受重視。決定應該做哪些事情以後，就要立刻採取行動，不必等別人來交代。瞭解公司的發展規劃和自己的工作職能，就可以預知應該做什麼，然後大膽去做！

有一種東西，獲得普遍的褒獎，不僅是金錢還有榮譽，那就是：主動性。什麼是主動性？主動性就是沒有被告知具體詳情，就著手去做。就像把信送給加西亞的羅文。送信的人得到極高的榮譽，雖然他們的收入與此不成正比。

還有一些人，會至少被告知兩次以後才去做事，這種人註定無法得到榮譽，也無法得到金錢。僅次於主動去做應該做的事情的人，應該是有人告訴你怎麼做以後，立刻去做。

還有一種人，只有被貧窮逼迫得沒有辦法的時候，才會去做事。這種人讓人看不起，收入十分微薄，只能勉強度日。這種人一生中的大多數時間都在盼望幸運之神降臨到自己身上，甚至每天想著可以中500萬美元的彩券。比他們稍微好一點的人，會在被人從後面踢一腳的時候，去做自己應該做的事情。這種人大半輩子都在辛苦工作中度日，不停地抱怨老闆。

然而，還有比上述幾種人更嚴重的人。這種人簡直無可救藥，即使別人走到他們面前，向他們示範，並且停下來督促他們，他們仍然不用心做事。這樣的人總是失業，總是被別人藐視。一般情況下，噩運會耐心地在擁擠的人群中的一隅等待他們。

問問自己吧，「你屬於以上哪一種人？」

每件事情都有深刻意義

羅浮宮[1]裡收藏著一幅畫：畫面描繪的是女修道院廚房裡的情景。畫面上正在工作的不是普通人，而是幾個天使。一個天使正在架水壺燒水，一個天使優雅地提起水桶，還有一個天使穿著廚衣，伸手去拿盤子。這些都是日常生活中最平凡的事情，天使們卻全神貫注地做著。

行為本身不能說明什麼，行動之時呈現出來的精神狀態說明一切。工作是否單調乏味，往往取決於工作時的心境和看法。

將人生目標貫穿於整個生命，你在工作中的精神狀態，使你與周圍的人有所區別。日復一日，年復一年，你的工作狀態使你的思想更開闊，或是使你的思想更狹隘；使你的工作變得更高尚，或是使你的工作變得更低俗。

每件事情對人生都有深刻的意義。如果你是一個磚石工或泥瓦匠，可曾在磚塊和砂漿之中看出一點詩意？如果你是一個圖書管理員，經過辛勤的工作，在整理書籍的空閒中，可曾感覺到自己的一些進步？如果你是一位學校的教師，可曾對按部就班的教學工作感到厭倦？也許你見到自己親愛的學生，就會變得有耐心、有熱情，把厭倦拋到九霄雲外。

---

1. 羅浮宮：世界上最古老、最大、最著名的博物館之一，位於法國巴黎市中心的塞納河北岸（右岸），始建於1190年，歷經800多年擴建和重修。

以別人的眼光來看待我們從事的工作，或是用世俗的標準來衡量我們的工作，工作或許真的就是毫無生氣、單調乏味，沒有任何意義，沒有任何吸引力。這就像我們從外面去看一個教堂的窗戶，教堂的窗戶布滿灰塵，顏色灰暗，給人單調和破敗的感覺。但是，如果我們跨過教堂的門檻，走進教堂，就會有另一番景象，可以看見絢爛的色彩、清晰的線條，溫暖的陽光穿過窗戶，灑滿整個教堂，形成一幅和諧而美麗的圖畫。

因此，我們可以得到這樣的啟示：從表象上看待問題總是有局限，我們必須從內部去觀察，才可以看到事物的本質。有些工作只從表面上看也許索然無味，但是如果深入其中，就會發現其意義所在。因此，無論如何，每個人都應該從工作本身去理解工作這件事情，將它看作是人生的權利和榮耀。只有這樣，才可以找到人生的真諦。

每件事情都值得我們思考，不要小看自己做的每件事情，即使是最普通的事情，也應該全力以赴地完成。可以順利完成小任務，才有能力接受大任務。一步一腳印地向上攀登，就不會輕易跌落谷底。透過工作獲得真正力量的秘訣，就在於此。

拖沓是對惰性的一種縱容

懶惰的人不是因為生病了，就是因為還沒有找到自己喜歡的工作。沒有天生的懶人，人們總是期望有事情可以做。大病初癒的人，總是希望可以盡快起床，隨意走動，回到自己的職位上做事——做任何事情都比躺在床上還要快樂。

懶散會引起無聊，無聊也會導致懶散。相反地，工作可以激起人們的熱情，熱情可以促成積極性和進取心。

克萊門特・史東說：「理智無法控制情緒，行動才可以改變情緒。」所以，選擇自己最擅長、最願意投入的事情，然後全力以赴地付諸行動吧！

許多人曾經有這樣的想法：「我的老闆太苛刻了，不值得我賣力為他工作。」其實，這些人忽略一個道理：敷衍了事的工作會傷害你的老闆，但是受傷更深的是你自己。一些人絞盡腦汁逃避工作，卻不願意用相同的精力努力工作。他們以為自己在愚弄老闆，其實他們愚弄的只是自己。老闆或許不瞭解每個員工的表現或是每項工作的細節，但是一位優秀的管理者很清楚，員工是否努力而產生的最後結果是什麼。可以肯定的是：升遷和加薪不會落在那些想盡辦法逃避工作的人身上。

想要得到別人的稱許和讚揚，得到老闆的重視，就要永遠保持勤奮的工作態度。與此同時，你還會獲取一份最寶貴的資產——自信，以自己擁有的才能贏得老闆或是公司重視的自信。

勤奮會激起人們的自信，懶惰會吞噬人們的心靈，使心靈對那些勤奮之人充滿嫉妒。

那些思想狹隘、愚蠢懶惰的人只重視事物的表象，無法看透事物的本質。他們只相信運氣、機緣、天命之類的東西，看到別人發財了，就會說：「他是運氣好！」看到別人知識淵博、聰明機智，就會說：「那是天生的。」他們發現別人德高望重、受人尊敬，就會說：「那是機緣巧合。」

他們不曾看見那些人在追求理想的過程中承受怎樣的考驗與挫折；他們逃避黑暗與痛苦或是視而不見，光明與喜悅才是他們注意的焦點；他們不明白一個簡單的道理：沒有付出極大的代價，沒有不懈的努力，沒有克服許多困難，無法實現自己的夢想。

任何人都不能例外，只有經過不懈努力，才會有所收穫。收穫的成果大小，取決於這個人努力的程度，機緣巧合只能獲取一時的成功，無法永遠成功。

拖沓是懶惰之人的一個重要特徵。把前天應該完成的事情拖延到後天再去做，是一種很壞的工作習慣。對一個渴望成功的人來說，拖沓是最危險的惡習，它使人們失去進取心。如果你允許自己拖延，很容易再次拖延，直到變成一種根深蒂固的惡習。解決拖沓的唯一妙招，就是立刻行動。只要你開始做事，不管是什麼事情，就會驚訝地發現，拖沓已經逃走，處境正在迅速改變。

習慣性的拖沓者，是製造藉口與託詞的專家。如果你存心拖延逃避，可以找出許多理由來辯解為什麼無法立刻完成任務，卻不思考事情應該立刻完成的理由。把事情「太困難」、「太昂貴」、「太花時間」

等理由合理化，比相信自己只要「更努力」、「更聰明」、「更有信心」就可以完成任何事情的念頭更容易。

拖沓的人無法接受承諾，只會找到藉口。如果你發現自己經常為了沒有做某些事情而找藉口，或是想出許多理由為事情沒有按照計畫進行而辯解，應該自我反省。不要再做出一些無法說服自己的解釋，立刻動手去做吧！

不要覺得拖沓距離你很遙遠，它在日常生活中隨處可見，如果你記錄一天的時間，就會驚訝地發現：拖沓是對生命的揮霍，它正在不知不覺地消耗我們的生命。

拖沓與懶惰密不可分，人們之所以拖沓，是惰性在作怪：自己要付出勞力或是做出抉擇的時候，作怪的懶惰就會為自己找出一些藉口來說服自己，想要讓自己更舒服、更輕鬆。面對作怪的懶惰，有些人主動地面對挑戰，果斷地戰勝惰性；有些人深陷於拖延時間中，被主動和懶惰拉來扯去，手足無措，無法決定……時間就這樣一分一秒地浪費，生命就這樣一分一秒地被揮霍。

每個人都有這樣的經歷：清晨，鬧鐘聲將你從睡夢中叫醒。你想著今天為自己制定的計畫，同時卻享受棉被裡的溫暖，一邊不斷地對自己說：應該起床了，一邊不斷地為自己尋找藉口：再等一會兒。於是，在忐忑不安中，在半睡半醒中，你又躺了5分鐘，10分鐘，甚至30分鐘……

拖沓是對惰性的一種縱容，如果讓它形成習慣，就會逐漸消磨你的意志，使你越來越懶惰，對自己失去信心，懷疑自己的耐性，懷疑自己的目標，甚至影響你的性格，讓你變成一個優柔寡斷的人。

反過來說，拖沓有時候又是因為考慮過多、猶豫不決造成的。

做任何事情，適當的謹慎是必要的，但是不能過於謹慎，優柔寡斷會錯失很多機會。知道自己要做一件事情的時候，就要立刻行動，不給自己留下任何思考的餘地。對付惰性最好的方法，就是把惰性扼殺在搖籃中。

藉口越多，工作越差，這是一件非常奇怪的事情。那些只想著如何拖延的人，如果可以將挖空心思欺瞞別人的精力和創意的一半用在做事上，就可以取得優秀的成績。

把你應該在上個星期、去年甚至十幾年以前做的事情拖延到明天的壞習慣從自己的個性中革除，因為它正在啃噬你的心靈，摧毀你的意志，除非你革除這種壞習慣，否則無法取得任何成績。有許多方法可以克服這種惡習，不妨一試：

首先，每天從事一項明確的工作，而且不要等待別人的指示，積極主動地去完成；

其次，盡可能地尋找，每天至少找出一件對別人有價值的事情，而且不求回報地去做；

最後，每天要將養成這種習慣的意義告訴別人，至少要請一個人分享你的感受。

| 第二章 |

如何把信送給加西亞
——安德魯・羅文自述

送信人羅文透過自己不畏艱險的精神，非常出色地完成任務，正如許多公司中那些孜孜不倦、埋頭苦幹的員工一樣，他們的敬業精神推動公司的發展。

拿到信，火速前往牙買加

美國總統麥金利問情報局局長亞瑟・華格納上校：「到哪裡可以找到把信送給加西亞的人？」

上校不假思索地回答：「有一個人，一個年輕的中尉，他叫安德魯・羅文[1]。如果有人可以把信送給加西亞將軍，非他莫屬。」

「派他去！」總統只說了這三個字。

當時，美國正在與西班牙交戰，總統急切地希望取得這次戰爭的勝利。他認為，只有美國軍隊與古巴起義軍密切配合，才可以取得勝利。但是，前提是要掌握西班牙軍隊在島上的部署情況，包括兵力、軍官，尤其是高級軍官的情況，還包括古巴的地形、路況，以及西班牙軍隊和起義軍及整個國家的醫療狀況、雙方的裝備。除此之外，他還希望瞭解在美國軍隊集結期間，古巴起義軍怎樣才可以困住敵人，需要美國提供什麼幫助，以及與這次戰役相關的其他情報。

上校的推薦很果斷，總統的命令也很果斷，只有三個字。因為根據當時的情況來看，找到可以把信送給加西亞的人至關重要。以下是送信人羅文的自述：

---

1. 安德魯・羅文：是《把信送給加西亞》的主角，他的故事隨著作家阿爾伯特・哈伯德的名篇而廣泛流傳，他成為這樣的員工的代名詞：充滿主動性、責任感、忠誠。

一個小時以後，正午時分，華格納上校通知我下午一點到軍部一趟。到了軍部，見到華格納上校，但是上校什麼也沒有說，只是把我帶上一輛馬車，車篷遮得很緊密，車裡光線幽暗，空氣也很沉悶。此時，上校打破沉默，問我：「下一班去牙買加的船何時出發？」

我遲疑了一下，然後回答：「一艘名為安狄倫達克的輪船將於明天中午從紐約起航。」

「你可以趕上這艘船嗎？」上校急切地問。

我以為只是在開玩笑，緩和一下氣氛，因為上校一向很幽默，於是我開玩笑地回答：「是的！」「那麼，準備出發吧！」上校臉色嚴肅地說。我知道這不是一個玩笑，而是一個任務。

馬車停在一棟特別的房子前面，我與上校一起走進大廳。我在大廳等候，上校走進裡面的一間屋子，過了一會兒，他走出來，招手要我進去。進去以後，我才知道，美國總統麥金利坐在一張寬大的桌子後面等我。

「年輕人，」麥金利總統說，「我選派你去完成一項特別的任務，也可以說是神聖的使命，需要你把這封信送給加西亞將軍。他在哪裡，我也不知道，他可能在古巴東部的一個地方等你。你必須把情報如期安全地送達，這件事情非常重要。」

這個時候，我才意識到這個任務的重要性。任務就在眼前，困難也在眼前，我的人生面臨一次嚴峻的考驗。但是，作為一個軍人，那種崇高的榮譽感充滿我的胸膛，讓我沒有任何的猶豫和疑問。我安靜地從總統的手中接過那封信——給加西亞將軍的信。

華格納上校立刻補充：「這封信有很多我們想要瞭解的問題。除此之外，你要注意，一定要避免攜帶任何可能曝露你身分的東西。有太多這樣的悲劇，我們沒有理由再上演一次。大陸軍的南森・海爾、美墨戰爭[2]中的里奇中尉，都是因為身上帶著的東西而被逮捕，他們不僅犧牲自己的生命，更重要的是洩露很多機密。這次行動絕對不能失敗，一定要確保萬無一失。此外，我還要再次告訴你，沒有人知道加西亞將軍在哪裡，你要自己想辦法找到他。總之，以後所有的事情全靠你自己，只有你自己。」我點點頭，我明白這將是對我最嚴峻的考驗。

華格納上校繼續說：「下午就去做準備，軍需官漢弗萊斯會送你到京斯敦上岸。之後，如果美國對西班牙宣戰，許多戰略計畫都會根據你發來的情報制定，因為我們沒有其他的訊息來源。這項任務只能由你獨自完成，你必須把信送給加西亞。午夜搭火車離開，祝你好運！」

接著，我和總統握手道別。

華格納上校送我出門的時候，還叮囑一句：「一定要把信送給加西亞！」我向他敬了一個軍禮，然後轉身離去。

我一邊做準備，一邊考慮這項任務的艱鉅性，我瞭解其責任重大，而且困難重重。現在戰爭還沒有爆發，甚至我出發的時候也不會爆發，到了牙買加[3]之後，應該還不會爆發，但是稍微有閃失，就會造成無法挽回的後果。如果美國向西班牙宣戰，我的任務反而減輕了，儘管危險不會減少。

---

2. 美墨戰爭：美墨戰爭是1846年至1848年美國與墨西哥之間爆發的一場戰爭。美國透過這場戰爭，奪取230萬平方公里的土地，一躍成為地跨大西洋和太平洋的大國。

3. 牙買加：是加勒比海地區的一個島國。牙買加一詞，在印第安人阿拉瓦克族的語言中是「泉水之島」的意思。

這種任務出現的時候，個人榮譽甚至生命處於極度危險之中的時候，服從是軍人的天職。軍人的命運掌握在國家的手中，但是他的名譽卻屬於自己。生命可以犧牲，榮譽卻不能丟失，更不能遭到侮辱。我向來是按照命令行事，不會有絲毫的差錯，但是這一次，我無法按照任何人的命令行事。我只有一個主要命令，那就是：我要想盡辦法，把信送到加西亞的手中，並且從他那裡獲得我們需要的。

我與總統麥金利及華格納上校的談話，我不知道秘書是否記錄在案。現在已經管不了那麼多，任務迫在眉睫，我必須立刻行動。現在，我反覆思考的是：如何把信送給加西亞。

我乘坐的火車是午夜零點零一分開，火車開車這天是星期六，但是我出發的時候是星期五。我想起一個古老的迷信：星期五不宜出門。我不知道這樣的出行是幸運還是不幸，但是想到自己肩負的重任，就無暇顧及那麼多。於是，我就這樣開始自己的旅程。

前往古巴的最佳途徑是通過牙買加，而且我聽說在牙買加有一個古巴軍事聯絡處，或許我可以在那裡找到一些關於加西亞將軍的消息。於是，我又乘上安狄倫達克號輪船，準時起航，一路上風平浪靜，比我想像的還要順利。為了安全起見，我盡量不和乘客交談，但還是認識一位電器工程師。

他對我說了一些十分有趣的事情，還給我看了一些十分有趣的東西。由於我很少和其他乘客交談，他們給我取了一個綽號「冷漠的人」，對於這個稱號，我受之無愧。

輪船很快就進入古巴[4]海域，我意識到危險正在一步一步逼近。我的身上帶有一些比較危險的文件，是美國政府寫給牙買加官方證明我身分的信函。

如果輪船進入古巴海域以前戰爭已經爆發，根據國際法，西班牙人一定會上船搜查，結果就是我被逮捕，我成為一個戰犯。我們乘坐的這艘英國輪船也會被扣押，儘管戰爭爆發以前，它掛著一個中立國的國旗，從一個平靜的港口駛往一個中立國的港口。想到問題的嚴重性，我知道自己要採取一些措施，就把文件藏到頭等艙的救生衣裡，直到看見船尾繞過海角，心裡的大石頭才落地。

第二天早上九點，我登上牙買加的領土，立刻尋找古巴軍事聯絡處。牙買加是一個中立的國家，古巴軍人的行動是公開的，因此我很快就和他們的指揮官拉伊先生取得聯繫。在聯絡處，我和指揮官及其助手討論如何盡快把信送給加西亞將軍。

4月8日，我離開華盛頓；4月20日，我用密碼發出我已經到達的消息；4月23日，我收到密電：「盡快見到加西亞將軍。」

收到密電以後，我來到軍事聯絡處的指揮部。在場有幾個流亡的古巴人，我以前沒有見過他們。我們正在討論一些問題的時候，一輛馬車駛了過來。

「時候到了！」一些人用西班牙語喊著。

我還沒有來得及再說什麼，就被帶到馬車上。於是，我服役以來最驚險的一段經歷就這樣開始了。

---

4. 古巴：正式名稱為古巴共和國，是美洲加勒比海北部的一個群島國家。它位於美國佛羅里達州以南，墨西哥猶加敦半島以東，牙買加和開曼群島以北，以及海地和土克凱可群島以西。

有驚無險的第一段行程

馬車夫看似是一個沉默寡言的人，完全不理睬我，我說什麼，他都不回答，只顧快馬揚鞭。馬車在迷宮般的京斯敦[1]大街上瘋狂地奔跑，速度快極了。這個突然的行動，沒有人向我解釋，我的心裡憋得難受。馬車穿過郊區距離城市越來越遠的時候，我實在憋不住了，拍了馬車夫一下，想要和他說話，但是他似乎完全沒有感覺，繼續趕他的車。

我知道，他應該知道我要把信送給加西亞將軍，他的任務就是盡快地把我送到目的地。

我幾次想要讓他聽我說話，但是他不加理睬，我只好坐在馬車裡，任憑馬車飛馳。

大約又走了四英里[2]，我們進入一片茂密的熱帶森林，然後又穿過一片沼澤，進入平坦的西班牙城鎮公路，最後馬車停在一片叢林裡。這個時候，馬車門從外面被打開，我看到一張陌生的臉，他要求我在此等候另一輛馬車換乘。

一切似乎已經安排好了，一句多餘的話也不必說，一秒鐘都沒有耽誤，這真是太讓人驚訝了。

---

1. 京斯敦：牙買加首都，南瀕加勒比海，北靠藍山，是牙買加重要的港口城市。
2. 英里：1英里大約等於1.6公里

僅僅一分鐘的時間，我又一次踏上征途。

第二個車夫和第一個車夫一樣，依然沉默不語，盡職盡責地坐在車駕上，任憑馬車飛奔。我知道，我跟他說話也是徒然，因此我安靜地坐在馬車裡，任由馬車飛奔。我們穿過一個西班牙城鎮，來到科布雷河谷，然後進入島的中央，那裡有一條路直通聖安海灣加勒比海的水域。

車夫一直默不作聲。沿途，我曾經試圖和他說話，但是他似乎聽不懂我在說什麼，甚至我做出的手勢，他好像也不懂。我知道，在飛奔的過程中，我只會是一個寂寞者。隨著地勢的升高，我的呼吸也加快了。

太陽下山的時候，我們來到一個車站。

突然，我看見山坡上有一個黑色的東西在往下移動，那是什麼？難道是西班牙政府預料到我會來，安排牙買加官員來審訊我？看到這個幽靈般的東西出現，我立刻提高警覺，頭腦快速運轉，如果真的不幸被審訊，我應該怎麼辦？結果是虛驚一場。一個年長的黑人一瘸一拐走到馬車前面，推開車門，為我送來美味的炸雞和兩瓶巴斯啤酒。

這個老人說著一口當地的方言，我只能隱約聽懂幾個單字，但是我可以理解他說的意思。他是在向我表示敬意，因為我在幫助古巴人民獲得自由。他為我送來吃的喝的，就是想要表達自己的心意。

我與老人在交談，可是車夫卻像是一個局外人，對炸雞和啤酒沒有興趣，對我們的談話也毫不在意。

換上兩匹新馬，我立刻向黑人長者告別：「再見了，老人家！」車夫用力地抽打新換上的馬。頃刻之間，我們就以飛快的速度消失在夜幕中。

雖然我知道自己擔負的任務非常重要，但是依然被眼前的熱帶雨林吸引了。這裡的夜晚和白天一樣美麗，不同的是，陽光下的熱帶植物是花香的世界，夜晚是昆蟲鳥獸的世界，這樣的美景真是讓人欣喜不已。

最壯麗的景觀，是夜幕降臨時分。轉眼之間，落日的餘暉就被螢火蟲和磷光代替，這些光亮以怪異的美裝飾森林。我看到這個獨特景觀的時候，還以為進入仙境。

雖然眼前是美景，可是我沒有忘記自己的任務。想到自己肩負的使命，就任由這些美景在我的眼前退去，馬車繼續向前飛奔。只是馬的體力有些不支了，有些跑不動了，飛奔的速度也慢下來了。突然之間，叢林裡響起刺耳的哨聲。

一群人從天而降，馬車停下來，我們被一群全副武裝的人包圍。在英國管轄的地方，遭到西班牙士兵的攔截，我絲毫不畏懼，只是本來飛奔的馬車突然停下來，把我嚇了一跳。牙買加政府的行動，可能會使這次任務失敗。如果牙買加政府事先知道我違反該島的中立原則，就會阻止我前往。要是眼前的這群人是英國軍人，那該有多好啊！

很快，我的緊張就消除了。在與之交談一番之後，我們被釋放了，開始重新上路。

一個小時之後，我們的馬車停在一棟房屋前面，房間裡閃爍著昏暗的燈光，但是令人感覺非常溫暖，而且還有一頓豐盛的晚餐。這是聯絡處特地為我們準備的，對此，我十分滿意。

端上牙買加蘭姆酒[3]的時候，我已經忘記自己的疲倦，也感覺不到已

3. 蘭姆酒：是以甘蔗糖蜜為原料生產的一種蒸餾酒，也稱為萊姆酒，原產地在古巴，口感甜潤、芬芳馥鬱。

經坐了九個小時、行程七十英里，換了兩班人馬，只感覺到蘭姆酒誘人的芳香。

飯後，從隔壁屋裡走出一個又高又壯的人，此人看起來十分果斷堅毅，留著長鬚，一根手指短了一截，露出可靠、忠誠的眼神。透過交談得知，他是從墨西哥[4]來到古巴，由於對西班牙舊制度提出質疑，被砍掉一個指頭，並且流放至此。這個人的名字叫格瓦西奧·薩比奧，負責為我做嚮導，直到安全地把信送到加西亞將軍的手裡，他的任務才算完成。此外，他還雇請當地人將我送出牙買加。

休息一個小時以後，我們繼續啟程。大約走了半個小時的路程，又有人吹口哨，我們只好停下來，下了車，悄悄地走過一英里布滿荊棘的路，走進一個長滿椰子樹的果園，這裡距離海灣已經非常近了。

距離海灣50碼[5]的地方，停著一艘漁船，在水面上輕輕晃動著。突然，船裡閃出一絲亮光。我想，這一定是聯絡暗號，因為我們是悄無聲息地到達，不可能被其他人發現。格瓦西奧立刻做出回應，證明我的判斷。

於是，我和軍事聯絡處派來的人匆匆告別。至此，我完成送信給加西亞的第一段有驚無險的路程。

---

4. 墨西哥：位於北美洲，北部與美國接壤，東南部與瓜地馬拉與貝里斯相鄰，西部是太平洋，東部有墨西哥灣與加勒比海的阻隔，首都墨西哥城。

5. 碼：1碼＝45.72公尺

險象環生的第二段行程

我們涉水來到小船旁邊，上船以後我們才發現，船艙裡堆放許多石塊，還有一捆一捆的長方形貨物，但是這些東西不足以使小船保持平穩。

我們讓格瓦西奧當船長，我和助手當船員。因為船裡的石塊和貨物佔了很大的地方，我們坐在裡面感到很不舒服，但是沒有辦法，無論多麼辛苦也要撐下去。

我對格瓦西奧船長說，希望可以盡快走完剩下的三英里路程，格瓦西奧答應我一定盡力做到。他們熱情周到的幫助，讓我非常感激。格瓦西奧告訴我，船必須繞過海岬，因為狹小的海灣風力不夠，無法航行。

於是，我們很快就離開海岬，正好趕上微風蕩漾，險象環生的第二段行程就這樣開始了。

在距離牙買加海岸三英里以內的地方，如果我不幸被敵人抓住，不僅無法完成任務，而且生命危在旦夕。毫不隱瞞地說，我的心裡十分焦慮。如果我不幸犧牲，我唯一的朋友只有這些船員和浩瀚無邊的加勒比海。

由此向北100英里就是古巴海岸，荷槍實彈的西班牙輕型驅逐艦①經常在此巡邏。他們的武器比我們的武器先進，這一點是我後來瞭解到的。艦上裝有小口徑的樞軸炮和機槍，船員們也配有毛瑟槍②。如果我們不幸與敵人相遇，他們隨便拿起一件武器，就會讓我們上西天。

但是，任何困難都不能阻止我，我必須成功，必須找到加西亞將軍，必須親手把信交給他。

我們的行動計畫是這樣的：日落以前，要待在距離古巴海域三英里的地方，然後快速航行到某個珊瑚礁上，悄悄等待天明。如果我們不幸被發現，也沒有什麼可怕的，因為我們沒有攜帶任何文件，敵人找不到任何證據。如果不幸被敵人發現證據，我們可以將船鑿沉，裝滿石塊和貨物的船很容易沉下去，敵人想要找到我們的屍體也不是容易的事情。總之，我們知道前方的道路也許會發生意外，但是我們已經做好破釜沉舟的準備。

好不容易等到天亮，海面上的空氣清爽宜人。勞累一天的我想要再睡一會兒，格瓦西奧突然大喊一聲，我們全部站起來。順著格瓦西奧手指的方向，可怕的西班牙驅逐艦正從幾英里以外的地方向這邊駛來。我們無處可逃，就像一隻等待宰割的羔羊，安靜地等待狼的到來。在距離我們不遠的地方，他們用西班牙語命令我們停航。

我與船員們已經躲在船艙裡，只有船長格瓦西奧獨自在掌舵。我們的船長懶洋洋地斜靠在長舵柄上，將船頭與牙買加海岸保持平行。他看起來非常鎮定，頭腦非常冷靜，他覺得他可以讓這些人認為他是一個從牙買加來的「孤獨的漁夫」，如果這些人相信，就可以蒙混過去。

事情果然像他想像的那樣，驅逐艦距離我們很近的時候，那位年輕

---

1. 驅逐艦：19世紀90年代至今的海軍重要的艦種之一，以導彈、魚雷、艦炮為主要武器，具有多種作戰能力，是現代海軍艦艇中，用途最廣泛、數量最多的艦艇。

2. 毛瑟槍：由德國著名槍械設計專家彼得・保爾・毛瑟於1867年發明，1871年被德軍正式採用。

艦長用西班牙語喊著：「釣到魚沒有？」

我們的船長也用西班牙語回答：「不，可憐的魚今天早上好像不想上鉤！」

大魚？對，大魚，我們都是大魚，只要被他們抓住，假如這位年輕艦長稍微動腦筋，可以再謹慎一點，今天早上，他就會抓到幾條「大魚」。當然，如果我們不幸被抓住，你們也不會知道這個故事。

西班牙驅逐艦離開我們一段距離之後，格瓦西奧命令我們吊起船帆，並且轉過身來對我說：「如果你想要睡覺，現在可以放心地睡，危險已經過去了。」我們相視一笑。

接下來的六個小時，我真的睡得很安穩，要不是陽光搗亂，在我的眼前晃來晃去，我或許還會在石頭上多睡一會兒，雖然在石頭上睡覺不是多麼舒服的事情。

我伸個懶腰，與我同行的古巴人善意地用英語問我：「睡得好嗎？羅文先生！」我感激地點頭。烈日炎炎之下，把牙買加曬紅了，就像一塊紅寶石。天空萬里無雲，就像一塊藍寶石。島的南坡是美麗的熱帶雨林，樹木鬱鬱蔥蔥，簡直就是一幅美妙神奇的風景畫，島的北部卻看起來那麼的荒涼，與島的南面形成很大的反差。一片烏雲籠罩著古巴，我們焦急地看著它，希望它可以散去，然而絲毫沒有消失的跡象，其實越往前走，我的心情也像這片烏雲一樣，越來越凝重。幸好風力越來越大，非常適宜航行。船長格瓦西奧的嘴裡叼著一根雪茄，愉快地和船員開玩笑，他們看起來沒有那麼緊張。

烏雲來了，總有散去的時候，大約下午四點的時候，烏雲消散殆盡。金色的陽光灑在馬埃斯特臘山上，使之顯得格外莊嚴而美麗。我們彷彿進入藝術王國，沐浴在如詩如畫的風景之中。這裡山海相依、水天一色、花團錦簇、層林盡染、渾然天成，恐怕世界上再也找不到這樣的美景。誰可以想到在海拔8,000英尺[3]的山上，竟然有綿延數百英里的綠色長廊？

我還沉浸在這個美麗的景色中，格瓦西奧下令收帆減速，我不解其意，他回答：「我們距離戰區越來越近，要充分利用在海上的優勢，避開敵人的視線，以保證順利行進。如果現在被敵人發現，就會前功盡棄，說不定還會送命。」

格瓦西奧說的有道理，我們急忙檢查自己的武器。我只帶了一支史密斯威森左輪手槍，於是他們又發給我一支來福槍。船上的人都有這種武器，我們感到比較踏實。水手們護衛著桅杆，可以隨手拿起身邊的武器準備戰鬥。我知道，這次任務中最嚴峻的時刻到了。

到目前為止，感謝上天眷顧，我們的行程都是有驚無險。但是，現在危急時刻來了，如果被逮捕，就意味著死亡。對於一個軍人來說，死亡沒有什麼可怕，可怕的是付出這麼多的努力，給加西亞將軍的信還是沒有送到。

我們距離岸邊大約還有25英里，但是看起來好像近在咫尺。午夜時分，船帆開始鬆動，船員們開始用力地划船。正好一個巨浪襲來，沒有花費多大力氣，小船就被捲入一個隱蔽的海灣。我們把船停在距離岸邊50碼的地方，我建議立刻上岸，要跟敵人搶時間。但是，格瓦西奧想得更周到，他不疾不徐地對我說：「先生，我們現在是腹背受敵，最好

3. 英尺：1英尺＝30.48公分

是待在原地。如果我們遇見的那艘驅逐艦反應過來，想要打探我們的消息，他們一定會登上我們經過的那座珊瑚礁，我們再在這裡上岸也不遲。我們只要穿過昏暗的葡萄架，就可以光明正大地進出。」我不得不承認，我們的這個船長考慮得更周全。

是的，放眼望去，我們可以看到葡萄、紅樹、灌木叢、刺莓，它們非常茂盛，幾乎長到了岸邊。現在雖然看得不是很清楚，但是給人一種朦朧的美。逐漸地，太陽照在古巴的最高峰，剎那之間，一切都變得明朗，沉沉的暮靄消失了，籠罩在灌木叢的黑影也不見了，拍打岸邊的灰暗海水魔術般地變綠了。光明來了，黑暗可能不跑嗎？這是一個好兆頭。

此情此景，我想到一位曾經看過類似景物的詩人寫下的詩句：

黑暗的燭火已經熄滅，

歡樂的白天從霧靄茫茫的山頂上，

踮著腳站了起來。

是啊，這樣的一個美妙的早晨，在我以前的生命裡不曾有過，我難掩心潮的起伏，就像在我的面前有一艘巨大的戰艦，上面刻著我最崇拜的人——美洲的發現者哥倫布的名字，一種莊嚴的使命感油然而生。

看到我默默地站在那裡凝視遠方，格瓦西奧輕聲地對我說：「你好，先生，我們要行動了。」我回過神來，看見其他的船員正在忙著往岸上搬東西，我立刻參與其中。

貨很快卸完了，我們來到岸上，小船被拖到一個狹小的河口，翻過來藏在叢林裡。就在此時，一群衣衫襤褸的古巴人來到我們上岸的地方。他們從哪裡來？他們是誰？他們如何知道我們是自己人？這些對我來說是一個謎，已經沒有太多的時間讓我解開這些疑問。這些人扮成裝運工，但是在他們的身上，我可以看到軍人的影子，一些人的身上甚至還有槍傷。

我們登陸的地方，好像是幾條路的交會點，從那裡可以進入灌木叢，也可以通向海岸。我們一直向西，走了大約1英里，我看到從植被叢中冒出裊裊炊煙。我知道，這是從古巴難民熬鹽用的大鍋裡冒出來的，這些可憐的人從可怕的集中營裡逃出來，躲在這裡。我們的到來，一定是他們熱切盼望已久的。

到此，我的第二段險象環生的行程就這樣結束了。

漫長而驚險的行程結束了

如果前面的行程是有驚無險、險象環生，現在真正的危險來臨了，西班牙軍隊正在殘忍地進行屠殺。這些毫無人性的劊子手見人就殺，見人就砍，從攜帶武器的軍人到手無寸鐵的難民，一個都不放過。我知道，在這樣的情境中，剩下的路程將會更艱難，把信送給加西亞將軍更是難上加難，但是任何困難都不能阻止我前進的腳步，我必須立刻行動！

通往北部的地方，有一片綿延約1英里的平坦土地被叢林覆蓋，地形比較簡單。但是古巴的路況就像迷宮一樣，如果不熟悉，可能就會失去方向。幸好有人幫我們開路，我緊緊地跟在後面。炎炎的烈日烘烤我們，我們背的東西更是成為負擔。實在很羨慕一起同行的那幾位，他們的身上沒有多餘的東西。

在氣喘吁吁中，我們繼續前行。海和山遮住我們的視線，濃密的葉子、遍地的荊棘、曲折的小路、灼眼的陽光，使我們前進必須花費許多力氣。在岸邊，我們看見到處都是青翠的灌木叢，但是離開岸邊到達山腳下，就看不到青翠的灌木叢。很快，我們到了一個空曠的地方，並且意外地發現幾棵椰子樹。對於口渴得要命的我們來說，簡直棒極了，椰子汁新鮮又涼爽，我感覺從來沒有喝過這麼棒的東西。

我們雖然很疲倦，但是任務在身，不能休息得太久。我知道，如果放縱下來，惰性就會冒出來。於是，我們立刻啟程，夜幕降臨以前，我們還要走幾英里路。我們翻過幾個陡峭的山坡，進入另一個隱蔽的空地，很快就進入真正的熱帶雨林[1]。微風吹過，給人心曠神怡的感覺，這裡的路比較平坦，走起來比較順暢。

穿過熱帶雨林，就進入波提約到聖地牙哥[2]的「皇家公路」。我們靠近公路的時候，我發現與我們在一起的同伴們一個接一個消失在熱帶雨林裡，只剩下我和格瓦西奧。我正想轉過身去詢問格瓦西奧是怎麼回事，卻看到他將手指放在嘴邊，示意我不要出聲，趕快拿起槍，然後他也消失在熱帶雨林裡。

我立刻明白他的用意，拿起了手槍。就在此時，耳邊響起馬蹄聲，西班牙騎兵的軍刀聲，以及偶爾發出的命令聲。如果沒有格瓦西奧高度的警覺性，我也許已經走上公路，正好與敵人正面撞上，被他們抓住或是亂槍打死。

我敏捷地扳動扳機，焦急地等待事情的發生，但是等了一會兒，什麼也沒有發生。正在納悶之際，同行的人一個接一個回來了，格瓦西奧也回來了。

格瓦西奧對我說：「我們分散開來，目的是麻痺敵人，不被他們發現。我們分頭行動，假如槍聲響起，敵人會以為這是我們設下的埋伏，不敢輕易踏入。」至此，我不得不佩服格瓦西奧的高明，但是他卻露出可惜的神色，然後說：「想要戲弄一下敵人，但是任務第一，遊戲第

---

1. 熱帶雨林：是指陰涼、潮濕多雨、高溫、結構層次不明顯、層外植物豐富的喬木植物群落，平均溫度為25～30℃。

2. 聖地牙哥：智利共和國的首都和最大城市，南美洲第四大城市，位於國境中部，坐落在馬普丘河畔，東依安地斯山，西距瓦爾帕萊索港約100公里。

二！」

我感覺有些餓了，同行的人立刻找了幾個烤熟的甘薯給我。原來，在起義軍經常出沒的地區，他們有一個習慣，會經常生火烘烤甘薯，烤完之後就埋在那裡，經過這裡的起義軍餓了，就可以拿起來吃，吃飽以後繼續作戰。

我一邊吃烤甘薯一邊想，這些古巴的英雄們，他們可以在艱苦的條件下取得勝利，是因為他們熱愛自己的國家，有團結一致的信心，有一種發自內心的爭取民族解放的信念支撐他們，這種信仰讓他們與敵人展開不屈不撓的鬥爭。我們和他們一樣，為了民族的尊嚴，頑強地奮鬥。想到自己肩負的使命，可以幫助這些愛國的志士，我感到無限的光榮，更堅定我必須完成這項任務的決心。

一天的行程很快結束了，我注意到一些穿著十分奇怪的人。

我問格瓦西奧：「他們是誰？」

格瓦西奧回答：「他們是西班牙軍隊的逃兵。」

「逃兵？西班牙人？」我疑惑地問。

「是的，他們從曼薩尼約逃出來，不堪忍受軍官的虐待和飢餓。」格瓦西奧臉色沉重地回答。

敵方有逃兵對於我們來說是好事，逃兵會有很大的用處，但是在這片曠野中，我對他們抱持懷疑態度。誰可以保證他們之中沒有間諜？如果他們之中有人向西班牙軍隊報告，有一個美國人正在穿越古巴，向加西亞將軍的營地進發，應該怎麼辦？敵人一定會想盡辦法阻止我們完成任務，我們不得不謹慎。所以，我對格瓦西奧說：「仔細盤查這些人，看看他們有沒有問題。」

「好的，先生。」格瓦西奧果斷地回答。

為了不出錯，確保萬無一失，我下達這個命令。事實證明，我的想法是正確的，確實有人想要逃走向西班牙人報告我們的情況。這些人不知道我的任務，但是他們至少知道我們絕對不是西班牙人。盤查的過程中，有兩個人引起我的懷疑，他們果然是間諜，我險些被他們殺了。那天晚上，其中一個人離開營地鑽進灌木叢，想要去向西班牙人報告，正好有一個美國軍官在古巴人的護送下來到這裡，遇見了他，他沒有逃出去。

半夜，我被一聲槍響驚醒。我的吊床前面突然出現一個人影，我嚇了一跳，急忙站起來。此時，對面又出現一個人影，把第一個人影砍倒，從右肩一直砍到肺部。這個人臨死之前供認，他和他的同伴已經商量好了，如果同伴沒有逃出營地，他就來殺死我，阻止我完成任務。好危險啊，再晚一點，我可能就變成他們的刀下亡魂。

第二天，直到晚上，我們才弄到足夠的馬和馬鞍。我們耽誤了很長時間，對此我十分焦急，但是毫無辦法。找來的馬鞍有些硬，騎上去一定不舒服。我有些不耐煩地問格瓦西奧：「可不可以不用馬鞍？我覺得那樣會更舒服一些。」

他回答：「加西亞將軍正在圍攻古巴中部的巴亞莫，我們還要走很遠才可以到達他那裡。」我知道，這就是我們到處找馬鞍和馬飾的原因，我非常敬佩這位嚮導的智慧。

一位同伴看了一下分給我的馬，很快就為我安裝好了。後來的結果證明，格瓦西奧是多麼地英明。我們騎馬走了四天，假如沒有馬鞍，我的結局一定慘不忍睹。我要感謝我騎的這匹馬，牠看起來是那麼地瘦弱，但是牠卻有相當大的爆發力，牠那種拼盡全力、不達目的不罷休的精神讓我震撼。

離開營地之後，我們沿著山路向前走。山路非常彎曲，如果不熟悉道路，一定會陷入困境之中。幸好，我的嚮導對這些迂迴曲折的山路瞭若指掌，他們帶著我在迷宮般的路況中穿行。

在一個分水嶺，我們開始從東坡往下走，突然遇到一群小孩和一個白髮披肩的老人，我們停下來。老人和格瓦西奧交談幾句，森林裡立刻出現「萬歲，萬歲」的喊聲，這是對美國喊的，也是對古巴和「美國特使」喊的，這一幕讓我感動不已。我不清楚他們是如何知道我的到來，好像他們一直在等待這一天。消息在叢林中傳得非常快，我就像是他們光明的使者一般。

在古巴的歷史上，亞拉是一個偉大的名字。這裡也是古巴1868—1878年「十年獨立戰爭[3]」的發源地，一條河沿著山腳流經這裡，這裡建有許多戰壕，用來保護峽谷，古巴士兵隨時都在守護這些戰壕。在亞拉，我意識到我們又進入一個危險地帶，但是我相信我可以完成我的使命，格瓦西奧也相信我。

第二天，天剛亮的時候，我們開始攀登馬埃斯特臘山的北坡。這裡是河的東岸，我們沿著風化的山脊一直往前走。如果西班牙人的機動部隊埋伏在這裡，這裡就可能變成我們的葬身之地。

慶幸的是，我們沒有遭遇埋伏，於是順著河岸，沿著蜿蜒曲折的

---

3. 十年獨立戰爭：又稱古巴第一次獨立戰爭（1868—1878），1868年9月，西班牙爆發革命，女王伊莎貝拉二世被推翻，古巴人民趁機掀起爭取獨立的鬥爭。

山路繼續前行。為了讓可憐的馬走下山谷，我們殘酷地抽打牠們，在我的一生中，我從未如此野蠻地對待動物。但是為了把信送給加西亞，我也沒有其他方法。戰爭期間，與成千上萬人的自由比起來，馬受一點罪又有什麼？我只能在心裡對這些牲畜說一聲「對不起」，都是戰爭惹的禍。

最艱難的一段行程總算告一個段落。我們停在一間草房前面，周圍是一片玉米地，位於希瓦羅的森林邊緣。屋內的椽子上掛著剛砍下的牛肉，廚師們正在忙著準備大餐，慶賀美國特使——我的到來。頃刻之間，我到來的消息傳遍這裡的每個角落。我再次被他們的這種熱情感動，就算是為了他們，我也要把信送給加西亞將軍。

大餐既有鮮牛肉，又有木薯麵包，真是豐盛極了。剛吃完豐盛的大餐，突然聽到一陣騷動，森林邊上傳來說話聲和馬蹄聲。原來是里奧斯將軍派卡斯蒂略上校代表他來歡迎我，將軍會晚些時候趕到。卡斯蒂略上校看起來棒極了，下馬的姿勢優美，動作敏捷，就像專業的賽馬運動員。他的到來讓我更充滿信心，我遇到一位經驗豐富的英雄。卡斯蒂略上校贈送我一頂標有「古巴生產」的巴拿馬帽，我欣然地接過來，感到無限的光榮。

第二天早上，里奧斯將軍和一些訓練有素的軍官到了。里奧斯將軍被稱作「海岸將軍」，他確實配得起這個稱號。他皮膚黝黑，是印第安人和西班牙人的混血兒；他步履矯健，身姿挺拔，一眼看去，就覺得此人非等閒之輩；他足智多謀，英勇善戰，多次成功地擊退西班牙人的進攻；他擅長游擊作戰，與敵人周旋，總是可以給敵人沉重的打擊；敵人想要抓住他，但是都無功而返，里奧斯將軍在這裡成為一個神話。

里奧斯將軍派出200人的騎兵部隊護送我，這些騎兵訓練有素，騎術高超，可以得到他們的護送，是我的榮幸。很快，我們又進入森林。森林裡的路太窄了，經常被樹枝擋住，而且常春藤刮破我們的脖子，我們只能一邊騎馬一邊清理障礙，前進的步伐就緩慢許多。但是我們的嚮導卻步伐穩健，健步如飛，讓我驚訝不已。

嚮導是一個黑人，皮膚像煤炭一樣的黑亮，名叫迪奧尼西托・洛佩茲，是古巴軍隊的一名中尉。此人善於騎馬踏過荊棘，穿過茂密的森林。他拿著寬刃大刀，為我們開路，砍下許多藤蔓，彷彿永遠不知疲倦。我一般是在隊伍的中間，有時候想要追上他，看看他是如何做得如此出色。

沒想到可以再次見到格瓦西奧，那是4月30日晚上，我們來到巴亞莫河畔的布埃伊，距離巴亞莫城還有20英里。格瓦西奧就是在這裡出現，他的臉上露出滿意的微笑，我見到他也覺得特別親切。

他高興地對我說：「先生，告訴你一個好消息，加西亞將軍就在巴亞莫，西班牙軍隊已經撤退到考托河一側。」

這真的是一個好消息，我可以感覺到，自己距離加西亞將軍越來越近。於是，我建議夜行，但是我的建議沒有被採納，他們認為晚上應該休息，明天有很重要的事情要做。

1898年5月1日，註定是一個不尋常的日子。我在古巴森林裡睡覺的時候，我們的美國海軍上將正在率軍冒著槍林彈雨進入馬尼拉灣，向西班牙戰艦發起攻擊。他們用大炮擊沉西班牙的戰艦，形成對菲律賓首都巨大的威脅。我要送給加西亞的信還沒有送到，讓我萬分著急。

第二天凌晨，我們立刻踏上征程，從山坡上一直往下，直達巴亞莫平原。沿途中，我看到飽經戰火的鄉村，看到飢寒交迫的難民。這些被戰火毀壞的廢墟，是西班牙軍隊罪惡的鐵證。我堅信，他們的罪惡會受到懲罰，這個懲罰已經距離他們不遠了。我們騎馬走了大約100英里，來到一片平原。我們歷經艱難險阻，頂著烈日酷暑，跨過無數荊棘，來到這片美麗的平原，雖然它飽受戰火洗禮，但依然是一片充滿希望的土地。想到我們即將到達目的地，所有的苦難都拋在腦後。任務即將完成，那份急迫的心情多年以後也難以忘記。

懷著激動的心情，我們來到曼薩尼約至巴亞莫的「皇家公路」，沿途遇到許多衣衫襤褸卻興高采烈的人們，他們正在向城裡擁去。嘰嘰喳喳的交談聲，使我聯想到自己在叢林中遇到的那些鸚鵡，可愛極了。這些可憐人終於可以回到闊別已久的家園，他們太高興了，不是嗎？

巴亞莫曾經是一個擁有3萬人口的城鎮，但是現在卻變成一個只有2,000人的村莊，這是誰的罪惡？西班牙，可惡的西班牙。在巴亞莫河兩岸，西班牙人建起很多碉堡，西班牙人撤走以後，裡面的煙火還沒有熄滅。古巴人返回之後，將這些碉堡付之一炬，他們燒得非常痛快。

我們知道勝利就在眼前，我們在河岸列隊，格瓦西奧和洛佩茲與士兵說完話以後，我們繼續前進。走了一段路之後，我們停在河邊，讓馬飲水，做好一切準備，走完最後一段通往古巴指揮官營地的路程，去見加西亞將軍。

當天報紙發布這樣的消息：「古巴將軍說羅文中尉的到來，在古巴軍隊中引起巨大轟動。羅文中尉騎著馬，在古巴嚮導的陪同下，來到古巴。」

幾分鐘以後，我來到加西亞將軍的駐地。

漫長而驚險的行程終於結束了。苦難、失敗、死亡都離我們遠去。

喜悅、生命、成功就在眼前！

終於把信送給加西亞將軍

我懷著激動的心情，來到加西亞將軍的指揮部門前，看到古巴的旗幟迎風飄揚。我可以代表美國政府在這裡見到加西亞將軍，這是我的榮幸。我們排成一隊，等待將軍的召喚。將軍認識格瓦西奧，所以衛兵先讓格瓦西奧進去。過了一會兒，格瓦西奧與加西亞將軍一起走出來。將軍熱情地和我握手，並且邀請我和我的助手進屋。進屋之後，將軍把我介紹給他的部下，這些軍官穿著白色的軍裝，腰間佩戴著武器，非常威風。

將軍對我說：「非常抱歉，我出來晚了，因為我在看從牙買加古巴軍事聯絡處送來的信，是格瓦西奧為我帶來的。」

聯絡處送來的信中稱我為「密使」，可是翻譯卻把我翻譯成「送信的人」。幽默無所不在，戰爭年代也不例外，但是這又有什麼關係，重要的是：我把信送到了。

吃過早飯之後，我們開始討論正事。我對加西亞將軍說，儘管離開美國的時候總統帶來書信，但是我不只是一個信使，我執行的是一項軍事任務。美國總統和作戰部想要知道關於古巴東部形勢的最新情報，美國曾經派出兩名軍官來到古巴中部和西部，但是他們都沒有到達目的地。

美國想要瞭解西班牙軍隊佔領區的情況，包括西班牙兵力的分布和人數，以及他們的指揮官（尤其是高級指揮官）的性格，還有西班牙軍隊的士氣、整個國家和每個地區的地形和路況資訊，以及任何與美國作戰部署有關的資訊。

加西亞將軍建議展開一場古巴軍隊與美國軍隊聯合作戰的戰役。我再次對加西亞將軍重申，美國政府希望可以得到關於古巴軍隊兵力方面的資訊。我問加西亞將軍，我是否有必要留下來瞭解這些資訊。加西亞將軍想了一下，讓所有的軍官退下去，只留下他的兒子和我。

大約三點的時候，將軍回來告訴我，即使我留在古巴幾個月，也未必可以做出一個完整的報告，他決定派三名軍官陪我回美國。這三名軍官都是訓練有素、經驗豐富、知識淵博的古巴人，他們瞭解自己的國家，完全有能力回答美國想要瞭解的所有問題。時間緊迫，美國越早獲得情報，對雙方越有利。

但是他鄭重地對我說，他的部隊需要武器，尤其是大炮，用來摧毀碉堡，部隊還缺少彈藥及步槍，他希望可以重新武裝他的部隊，我把他的話牢牢地記在腦子裡。

三名軍官之中的科拉佐將軍，是一位著名的指揮官，其他兩位是赫南德茲上校和約塔醫生，他們非常熟悉這裡的所有情況。此外，還有兩個水手隨我返回美國。如果美國決定為古巴提供軍事裝備，他們在運送物資的遠征中，一定可以發揮作用。

在長途跋涉的九天裡，我的頭腦裡一直裝著許多問題。我希望可以踏遍古巴的土地，給我們的總統一個滿意的答案。將軍問我：「你還有什麼問題嗎？」

我毅然地回答：「沒有！先生。」

因為，加西亞將軍有敏銳的觀察力，有高瞻遠矚的思維。他的決定使我免除幾個月的勞累，為我們的國家爭取時間，也為古巴人民贏得時間。

接下來的兩個小時，我受到非正式的熱情接待。正式的宴會在五點準時進行，宴會結束以後，我被護送者送到大門口。走到大街上，我發現沒有看到陪我一起來的嚮導和同伴。格瓦西奧本來想要陪我一起回美國，但是加西亞將軍沒有同意，因為南部海岸的戰爭需要格瓦西奧，然而我要從北部返回。我向將軍表達自己對格瓦西奧和他的船員的感激之情。我以純拉丁式的擁抱，向加西亞將軍告別，然後騎上馬，與三名軍官向北疾馳。

我成功了，我把信送給加西亞將軍！

送信給加西亞的行程充滿驚險，與我返回的行程相比，還要重要。我見識到古巴這個美麗的國度，一路上得到很多人的幫助，他們當我的嚮導，當我的同伴，他們隨時保護我，我非常感動。

戰爭還沒有結束，西班牙的士兵還在到處巡邏，不放過每個海岸，不放過每個海灣，不放過每艘船。他們隨時可能把我當作一個間諜，如果被發現就意味著死亡。面對咆哮的大海，我在想，成功永遠不是一次航行，而是不斷地航行。不管前方有多少風浪和暗礁，我們必須前進，只有前進才可以成功，否則我的使命就會前功盡棄，我要送的信就會永遠擱淺。

返程的路上，我們也不輕鬆，隨時都要保持警戒。我們小心翼翼地穿越古巴，朝北前進，來到西班牙軍隊控制下的考托。在一個河口，停泊著幾艘炮艇，對面有一個巨大的碉堡，裡面裝著大炮，瞄準河口。

如果不幸被西班牙士兵發現，我們就完了，這裡就是我的葬身之地。但是我們勇敢無畏，按照計畫前進。也許是印證那句話：最危險的地方，就是最安全的地方！敵人可能沒有想到我們會在這種危險的地方上岸，去執行一項艱鉅的任務。我們順利通過，真的是太振奮人心了。

我們搭乘的那艘小船，體積只有104立方英尺。我們航行150英里，來到北部的拿索島，西班牙的快速驅逐艦經常在此巡邏，我知道危險又來了。

任務已經完成的成就感，讓我感到無所畏懼。由於這艘小船無法承載六個人，約塔醫生只好返回巴亞莫。我們五個人繼續前行，前行的路上可能要經歷槍林彈雨，但是又有什麼關係，我們無所畏懼。

就在我們做好準備，打算繼續出發的時候，風暴突然降臨。在波濤洶湧的海上，我們不敢輕舉妄動，但是即使原地等候也同樣危險。怎麼辦？那天的月亮很圓，假如風暴把雲吹散，敵人就會發現我們的身影。

命運掌握在我們的手中，我們要抓住最好的機會。十一點的時候，天空烏雲密布，遮住月亮，敵人無法發現我們，我們立刻上船。我們一人掌舵，四人划槳。逐漸地，已經看不見遠去的要塞，更精確地說，要塞裡的敵人沒有發現我們。我們在海上艱難地划行，沒有聽到大炮的轟鳴聲和機槍的掃射聲。我們的小船搖搖晃晃，像一片飄搖的樹葉，有幾次差點翻覆。幸好，我的同伴非常瞭解水性，裝在船裡的壓船物承受住考驗，使我們得以繼續前行。

不得不承認，長時間的航行是非常單調的事情，越來越感覺到疲倦，我們幾乎要睡著了。

突然，一個巨浪襲來，差點把小船掀翻，小船裡浸滿了水，我們不再有睡意，變得很有精神。就這樣，眼睜睜地熬過一個長夜！太陽，美麗的太陽，可愛的太陽，從遠方的地平線上鑽出來，讓我們感覺溫暖許多。

「快看，先生！」舵手們喊著。我立刻提高警覺，順著他們手指的方向，看見一艘船。難道是一艘西班牙戰艦？如果真是那樣，我們應該怎麼辦？

舵手用西班牙語喊著，其他同伴應和著。難道真的是西班牙戰艦？

不是西班牙戰艦，是桑普森海軍上將的戰艦，正在向東航行去攻擊西班牙戰艦。我終於鬆了一口氣！

儘管美國戰艦已經出現了，但是西班牙的炮艇很快就可以追上我們，如果被他們追上，後果將會不堪設想。酷熱難耐的天氣裡，誰也睡不著。夜幕降臨的時候，我們五個人非常疲憊，幾乎支撐不下去，但是我們絲毫沒有懈怠，仍然打起精神繼續前行。夜裡突然刮起大風，風力非常強勁，頓時波濤洶湧。我們竭盡全力保持平衡，使小船不至於傾覆，真是驚心動魄的一晚啊！

第二天早晨，5月7日，危險終於過去了。上午十點的時候，我們來到巴哈馬群島安德羅斯島南端的科利群島。我們準備登陸，進行短暫的休息。

當天下午，在黑人船員的協助之下，我們徹底地檢查和清理我們的小船。這些黑人說著古怪的語言，我完全聽不懂，但是手勢是通用的，我們用手勢交流。起航之後，我雖然疲憊到了極點，但是依然睡不著，刺耳的手風琴聲（船裡裝著一些豬肉罐頭和手風琴）使我無法入眠。

第二天下午，我們向西航行的時候，被當地的檢疫官抓住了，被關到霍格島上。我從來沒有想過我們會被以這種理由逮捕，他們懷疑我們罹患古巴黃熱病。或許是因為我們實在是非常疲憊，看起來就像病人一樣吧！

被關了一天以後，5月10日，在美國領事麥克萊恩的安排下，我們獲釋了。5月11日，我們駕駛這艘久經考驗的小船，駛離碼頭。

5月12日，整日無風，小船無法航行，我們只好等待風的來臨。直到夜晚，才有一點微風，我們順利到達西嶼。

當天晚上，我們搭火車到達坦帕，又在那裡換乘火車前往華盛頓，我們按照預定的時間到達華盛頓。

回到華盛頓，我立刻向戰爭部長羅素・阿爾傑報告。他認真聽了我的講述，並且要我直接向邁爾斯將軍報告。邁爾斯將軍收到我的報告以後，寫了一封信給作戰部，這封信讓我終生難忘。

信中說：「我推薦美國第19步兵團的一等中尉安德魯・羅文為騎兵團中校。羅文中尉出色地完成古巴之行，在古巴起義軍和加西亞將軍的協助之下，為美國政府帶來最寶貴的情報。這項任務異常艱鉅，但是我認為，羅文中尉表現出的英勇無畏的精神，將會永載史冊！」

邁爾斯將軍讓我參加一次內閣會議，會議結束的時候，我收到麥金利總統的賀信，他感謝我把他的信準時送給加西亞將軍，並且高度評價我在這次任務中的表現。

賀信的最後一句話是：「你勇敢地完成任務！」我認為，服從命令、完成任務是軍人的天職。任何情況下都不要想太多，只要服從命令。在這種責任心的驅使下，我把信送給加西亞將軍。

| 第三章 |

可以把信送給加西亞的人

無論做任何事情，都要全心全意、盡職盡責，因為這決定一個人日後事業上的成敗、生活上的苦樂。以主動盡職的態度去做事，即使是最平庸的職業，也可以綻放出燦爛的光彩。

「現在就動手做吧！」

「現在就動手做吧！」這句話是一個最實用、有效的自動啟動器。

任何時候，你感到拖沓的惡習悄悄地向你靠近的時候，或是拖沓的惡習已經緊緊纏繞著你，使你動彈不得的時候，你都要用這句話提醒自己。這句話會讓你猛然醒悟，原來你已經蹉跎了太多。

如果你正在受到拖沓惡習的箝制，不妨就從遇見的任何一件事情著手。總有很多事情需要去做，是什麼事情不重要，重要的是：你突破拖沓的惡習。舉一個例子來說：如果你想要逃避某項任務，就要從這項任務著手，立刻動手去做。否則，這項任務會不斷地困擾你，使你覺得心煩意亂。

養成「現在就動手做」的習慣，就可以掌握個人進取的要義。

你的能力，加上你的態度，決定你的報酬和職務。那些效率高、做事多，並且樂此不疲的人，往往擔任最重要的職務。下定決心永遠以積極的態度做事的時候，就是朝自己的遠大前程邁出重要的一步。

開始的時候，你會覺得堅持這種態度不是一件容易的事情，但是最終你會發現，這種態度會成為你個人價值的一部分。體驗到別人的肯定給你帶來的幫助，你就會一如既往地用這種態度做事。

高效率的人從來不會拖延，他們覺得生活正如愛因斯坦形容的那樣：「生活就像騎著一輛腳踏車，如果不能總是保持平衡地前進，就會翻倒在地。」

高效率的人，有限時完成工作的習慣，會事先確定做每件事情需要的時間，並且強迫自己在期限內完成。即使你沒有這樣的習慣，也要有意識地訓練自己。你一定會驚訝不已，原來在短時間之內，自己可以做很多事情。

那些懶散的人，精於濫竽充數和偷工減料，不瞭解自己處理事情的真正能力。他們不肯迎接任何一項挑戰，不肯激發自己最大的潛能。如果你希望一件事情可以快速而圓滿地完成，請交給那些勤奮而忙碌的人！

我們知道，面對一件自己感興趣的事情，無論多麼忙碌，都可以擠出時間去做；面對那些無趣的事情，我們總是輕易推託，甚至刻意遺忘。

成功的關鍵在於：行動之前，對自己有什麼期望，制定什麼目標。你應該懂得，你用什麼標準來衡量自己，別人就會用什麼標準來衡量你。愛默生[1]說：「緊緊跟隨四輪車到星球上，比在泥濘路上追蹤蝸牛更容易達到自己的目標！」

想要取得成功，就要一點一滴地奠定基礎。先為自己設定一個切實可行的目標，達到這個目標之後，再邁向更高的目標。

「現在就動手做吧！」這是通往榮譽聖殿的必經之路。

---

1. 愛默生：思想家、文學家、詩人，是確立美國文化精神的代表人物，美國前總統林肯稱他為「美國的孔子」、「美國文明之父」。

全心全意，盡職盡責

一份英國報紙刊登出一則應徵教師的廣告：「工作很輕鬆，但是要全心全意，盡職盡責。」

事實上，不僅擔任教師的條件需要這樣，做任何一種工作，都要全心全意、盡職盡責，只有這樣，才可以把工作做好。所謂的敬業精神，就包括這兩個方面。

無論從事何種職業，都要全心全意、盡職盡責，以自己最大的努力去完成任務，在完成任務的過程中，讓自己不斷進步。這不僅是工作的原則，也是人生的原則。如果沒有全心全意的職責和理想，生命就會變得暗淡無光。無論身在何處，無論身居何職，如果可以全心投入生活和工作中，就會獲得豐厚的回報，包括物質上的，也包括經濟上的。那些取得非凡成就的人，就是在某個特定領域裡全心全意、盡職盡責。

在某個方面精通，比對任何事情都懂一些還要強。一位總統在德州一所學校進行演講的時候，對學生們說：「對於你們來說，最重要的是：你們必須知道如何把一件事情做好，也就是與其他有能力做這件事情的人相比，你們要做得更好一些。這樣一來，你們就不會失業。」

一個成功的經營者曾經說：「如果你可以把一枚別針製作得很好，應該比你製造出粗陋的蒸汽機賺得更多。」

有些人的心中始終有一個困惑不解的問題：自己比別人更有能力，但是成就卻落後於別人。其實，不要疑惑，也不要抱怨，你應該先問自己以下的問題：

你是否真的走在前進的道路上？

你是否像畫家研究畫布一樣，仔細研究職業領域的所有問題？

你為了增加自己的知識，或是為了給自己的老闆創造更多的價值，是否認真閱讀專業方面的書籍？

你在自己的工作領域，是否做到盡職盡責？

如果你對以上的問題無法做出肯定的回答，這就是你無法超越別人的原因。如果你認為一件事情是正確的，就要大膽而盡力地去做！如果你認為一件事情是錯誤的，就不要做。

那些技術不佳或是一知半解的泥瓦工和木匠，他們將磚石和木料拼湊在一起來建造房屋，在這些房屋尚未使用的時候，其實已經存在在暴風雨中坍塌的危險；專業知識不足的醫科學生不想花費更多的時間在學習上，進行手術的時候笨手笨腳，讓病人冒著極大的生命危險；專業知識不足的律師在讀書的時候不認真，訴訟的時候捉襟見肘，讓當事人浪費金錢……這些都是缺乏敬業精神的表現。

無論從事什麼職業，都要非常精通。讓這句話成為你的座右銘！下定決心，讓自己掌握職業領域的所有細節，讓自己與別人相比更有競爭力。如果你是工作方面的高手，精通自己的領域，就可以贏得良好的聲譽，擁有一種潛在的成功秘訣。

有一個人針對個人努力與成功之間的關係，請教一位非常有成就的人：「你如何完成這麼多的工作？」

此人不疾不徐地回答：「我在一段時間之內，會集中精力只做一件事情，但是我會盡全力徹底做好它。」

如果你的知識不夠、準備不足、熱情不夠，怎麼可以因為自己的失敗而責怪別人？想要在某個行業站穩腳步，必須做到的就是「精通」二字。根據觀察發現，如果學生時代養成半途而廢、心不在焉、拖沓懶散的壞習慣，或是運用一些伎倆來應付考試、矇騙老師，進入社會開始工作之後，無法出色地完成任務。

這樣的人註定會是一個失敗者，他們的家人和同事也會為他們感到失望和沮喪。他們如果成為公司主管，後果就會更嚴重，其下屬也會受到這種惡習的傳染——下屬看到主管不是一個精益求精、細心周密的人，經常會群起而效仿之。這樣一來，個人的缺點和弱點就會滲透到團隊中，影響事業的發展。

做事無法善始善終的人，無法培養自己獨特的個性、堅定的意志，無法達到自己追求的目標和理想。做事一絲不苟的人，可以培養自己嚴謹的品格、超凡的智慧，這樣的人可以帶領團隊往正確的方向前進，也可以鼓舞優秀的下屬全心全意。

因此，無論做任何事情，都要全心全意、盡職盡責，因為這決定一個人日後事業上的成敗、生活上的苦樂。一個人如果領悟全力以赴地做事可以消除做事的辛勞這個秘訣，就是找到打開成功之門的鑰匙。

可以隨時以主動盡職的態度去做事的人，即使從事最平庸的職業，也可以綻放出燦爛的光彩。

「多做一些」獲得更多

想要出色地完成任務，只有全心全意、盡職盡責是不夠的，還要多做一些自己份內之外的事情，才可以引起別人的注意，才可以為自己創造升遷的機會。

雖然你沒有義務去做自己職責範圍以外的事情，但是也可以選擇自願去做，這是促使自己快速前進的最佳方法。率先主動是一種極其珍貴、備受青睞的素養，可以使人們變得更敏捷、更積極。無論你是管理者還是員工，「多做一些」的工作態度可以使你在競爭中脫穎而出。「多做一些」會使你的老闆、委託人、顧客關注你，進而使你獲得更多的機會。

多做一些，或許會佔用你寶貴的時間，但是會使你贏得良好的聲譽，並且為你增加更多的機會。

卡洛・道尼斯最初為杜蘭特先生工作的時候，只是一個職務很低的員工，現在已經成為杜蘭特先生的得力助手，擔任其下屬的一家公司的總裁。他可以快速得到升遷，秘訣就是在於他「每天多做一些」。

我曾經拜訪道尼斯先生，並且詢問其成功的訣竅。他平靜而簡短地對我說：「為杜蘭特先生工作初期，我注意到，每天下班之後，所有人都趕著回家，但是杜蘭特先生仍然會留在辦公室裡繼續工作，他會工作到很晚。這件事情給我的觸動很大，從此以後，我每天下班以後也留在辦公室裡，多做一些事情。沒有人要求我這樣做，但是我認為自己應該留下來，在杜蘭特先生需要的時候，為他提供一些幫助。」

「工作的時候，杜蘭特先生經常需要尋找文件、列印資料，最初這些工作都是他自己做。很快，他發現我隨時在等待他的召喚，並且逐漸養成隨時召喚我的習慣……」

杜蘭特先生為什麼會養成隨時召喚道尼斯的習慣？因為道尼斯自願留在辦公室。杜蘭特先生隨時可以看到道尼斯，而且道尼斯總是真誠地為杜蘭特服務。道尼斯這樣做，有獲得額外的報酬嗎？沒有。但是，他獲得信任和機會，贏得老闆的關注，最終得到升遷。

為什麼應該養成「每天多做一些」的習慣？有幾十種甚至更多的理由可以解釋。其中有兩個最主要的原因：

第一，養成「每天多做一些」的習慣之後，與那些尚未養成這種習慣的人相比，你已經具有某種優勢。這種習慣會使你無論從事什麼職業，都會有更多的人想要請你為他提供幫助。

第二，如果你希望將自己的右臂鍛鍊得更強壯，唯一的方法就是經常利用它來做事。相反地，如果長期不使用你的右臂，其結果就是使它變得虛弱不堪。

在逆境中奮鬥，可以產生巨大的力量，這是永恆不變的法則。如果可以多做一些份內之外的事情，不僅可以彰顯自己勤奮的美德，而且可以開發一種超凡的技巧與能力，使自己具有更強大的生存力量，更有逆境生存的本領。

社會在發展，事業在成長，個人的職責範圍越來越大。不要總是以「這不是我份內的事情」為理由，失去進步的機會。額外的事情落到你身上的時候，不妨將其看作是一種機會。

準時上下班是一個員工必須做到的，但是如果可以提前一點到公司，也不是多麼困難。如果可以提前一點到公司，表示你十分重視這份工作。每天提前一點到公司，可以對一天的工作進行規劃，別人還在考慮應該做什麼的時候，你已經開始工作了。

想要走上成功之路，就要樹立終身學習的觀念。一些看似無關緊要的知識，經常會產生巨大的作用，「每天多做一些」可以為你提供更多的學習機會。

每天多做一些，也許並非是為了獲得更多的報酬，但是獲得的會比你預想的報酬還要多。

對艾倫一生影響深遠的一次職務升遷，是由一件小事引起的：

一個星期六的下午，一位律師（其辦公室與艾倫的辦公室在同一層樓）走進來問艾倫，哪裡可以找到一個速記員，他的工作很緊急，需要當天完成。

公司所有的速記員都去看球賽，艾倫遺憾地告訴他，如果他晚來5分鐘，自己也要去看球賽。但是艾倫表示，自己願意留下來幫助他，因為「隨時都可以看球賽，但是工作必須在當天完成」。

艾倫做完律師交代的工作以後，律師問艾倫應該付他多少錢。艾倫開玩笑地回答：「既然是你的工作，大約1,000美元吧！如果是別人的工作，我不會收取任何費用。」律師聽了以後笑了笑，向艾倫表示謝意。

艾倫的回答只是一個玩笑，他沒有想要得到1,000美元。出乎意料的是，那位律師竟然真的這樣做了。半年之後，艾倫已經忘記此事，律師卻找到艾倫，交給他1,000美元，並且邀請艾倫到自己公司工作，薪水比現在多出1,000美元，機會就這樣被艾倫抓住了。

一個星期六的下午，艾倫放棄自己喜歡的球賽，多做了一些事情，最初的動機只是出於幫助別人，而不是金錢上的考慮。艾倫沒有義務放棄自己的假日去幫助別人，但是他那樣做了。那樣做的結果，不僅為自己增加1,000美元的現金收入，也為自己收穫一個收入更高的職務。

有一位成功人士，向我講述自己如何走上成功之路：

「50年以前，我開始踏入社會謀生，先在一家商店找到一份工作，每個月只能賺到75美元。有一天，一位顧客買了一批貨物，有鉗子、鏟子、馬鞍、水桶、盤子、竹簍。原來，過幾天這位顧客就要結婚了，提前購買一些生活用品和工作器具是當地的一種習俗。購買的貨物裝滿了獨輪車，騾子拉起來有些吃力。送貨並非我工作以內的事情，但是我願意那樣做，我為自己可以幫助這位顧客運送如此沉重的貨物而感到自豪。」

「開始的時候，一切都很順利，但是途中不小心，車輪陷進一個不深不淺的泥潭裡，我使出吃奶的力氣，還是弄不出來。正好，一個心地善良的商人駕著馬車路過，他用他的馬拖出載滿貨物的獨輪車，並且幫我將貨物送到顧客家裡。向顧客交付貨物的時候，我仔細清點貨物的數量，害怕有什麼差錯，給顧客帶來麻煩。一直到很晚，我才推著空車，疲憊地返回商店。我很累，老闆也沒有因為我的額外工作而稱讚我，但是我為自己的行為感到高興。」

「第二天，那個曾經在路上幫助我的商人將我叫去，並且對我說，他發現我工作十分努力，清點貨物數量的時候非常細心。因此，他願意為我提供一個月薪500美元的職位。我沒有理由拒絕這份工作，從此我走上致富之路。」

因此，我們不應該有「我必須為老闆做什麼」的想法，而是應該思考「我可以為老闆做什麼？」想要取得最後的成功，就要做得更多一些。那些成功的人，除了做好自己的工作以外，還會做一些不同尋常的事情來培養自己的能力，引起別人的關注，獲得更多的機會。

付出多少，就會得到多少，這是一個眾所周知的因果法則。也許你的付出無法立刻得到相應的回報，不要氣餒，應該一如既往地多付出一些。回報可能會在不經意之間，以出人意料的方式出現。最常見的回報是加薪和升遷，這些通常是老闆給的。除了老闆以外，回報也可能來自別人，以間接的方式出現。

對百萬富翁成功經驗的反覆研究證明，額外付出的回報原則，尤其是在這些人早期創業的時候，這個原則特別重要。他們的努力和價值沒有得到老闆承認的時候，他們會選擇獨立創業，在這個過程中，早期的額外付出使其大受裨益。你付出的努力就像存在銀行裡的錢，需要的時候，隨時可以提取。

沒有機會，創造機會

世界上有許多錯失良機的可憐蟲，機會來臨的時候，他們視而不見，充耳不聞，因為他們躺在床上睡覺。

機會不會花費力氣去尋找那些浪費時間的人，它喜歡落在那些忙碌的人身上。其實，從邏輯的角度來說，機會應該落在那些時間充裕的人身上，因為他們有許多時間，落在他們身上的機率更高。但是事實上，機會總是落在那些有夢想、有計畫的人身上。機會是一種想法和觀念，只存在於那些可以認清機會的人心中。因此，不要問你的老闆為什麼沒有給你加薪，你應該去問那個知道答案的人，那就是你自己。

富爾頓[1]因為發明推進機，成為美國最著名的工程師；法拉第憑藉藥房裡的幾瓶藥，成為英國有名的化學家；惠特尼靠著小店裡的幾件工具，成為紡織機的發明者……

美國歷史上，有許多感人肺腑、催人淚下的英雄，他們很早就確定偉大的人生目標，儘管在前進中遭遇許多困難，但是他們以堅韌的意志力克服這些困難，並且最終取得成功。

失敗者總是喜歡找藉口，藉口通常是：「我沒有機會！」他們習慣

---

1. 富爾頓：美國著名工程師。1807年，他利用英國的機器，製成世界上第一艘蒸汽機輪船「克萊蒙特號」，是世界上輪船的首創者。他為人類航海事業的發展，做出卓越的貢獻。

將失敗理由歸結為沒有機會，覺得沒有人重視他們。那些性格堅強的人不會找這樣的藉口，他們不等待機會，也不向別人抱怨，依靠自己的勤奮努力去創造機會。他們深知一個道理：只有自己，才可以拯救自己。

一次勝利的戰役之後，有人問亞歷山大[2]是否在等待下一次機會，再去進攻另一座城市。亞歷山大聽了以後雷霆大怒，吼道：「機會？機會是自己創造出來的，不是等出來的。」不斷地創造機會，正是亞歷山大成為歷史上偉大帝王的原因。只有不斷創造機會的人，才可以建立偉大的事業。

如果看了林肯的傳記，瞭解他幼年時代的生活和後來的成就，年輕人會有何感想？小時候，林肯住在一間極其簡陋的茅舍裡，沒有窗戶，也沒有地板。用現在的居住標準來看，他簡直就是生活在荒郊野外。他的住所距離學校非常遠，一些生活必需品也很缺乏，更談不上有閱讀報紙、書籍的機會。然而，就是在這樣的情況下，他每天堅持走二三十里路去學習知識。為了可以借到幾本書，他不惜步行一二百里路去獲得。到了晚上，他靠著燃燒木柴發出的微弱火光來閱讀……林肯只受過一年的學校教育，成長於艱苦卓絕的環境中，但是他卻可以努力奮鬥，成為美國歷史上的偉大總統之一，甚至成為全世界努力奮鬥的楷模。

成功只屬於那些具有奮鬥精神的人，而不是那些總是等待機會的人。你應該記住，機會更多的時候在於自己的創造。如果你認為個人發展機會掌握在別人手中，你的成功機率幾乎為零。機會包含於每個人的

---

2. 亞歷山大：古代馬其頓國王，亞歷山大帝國皇帝，世界古代史上著名的軍事家和政治家。

人格中，正如未來的橡樹包含在現在的橡樹果實裡。

如果在困境中，林肯說「我沒有機會」，這個生長在窮鄉僻壤裡的窮孩子，如何可以入住白宮，成為白宮的主人？為什麼有許多出生於貧民窟的孩子可以成為議員、銀行家、商人？那些商店和工廠，有許多不就是為那些說「沒有機會」的孩子創立的嗎？

「沒有機會」，是失敗者的推諉之辭；「創造機會」，是成功者的獲勝技巧。

做一個意志堅定的人

追根究底、不達目的絕不罷休的精神，是社會前進的動力。富蘭克林[1]說：「意志堅定的人，將會無往而不利。」意志堅定，需要特別的勇氣、不屈不撓的精神、堅持到底的決心、對理想和目標全心地投入。我們所說的意志堅定，是動態而非靜態的，是主動而非被動的，是一種主導命運的積極力量。這種力量存在於我們的內心，而且取之不盡，但是必須加以控制和引導，以一種幾乎是不可思議的執著，投入到既定的目標中，才可以實現人生價值。

擁有堅韌不拔的決心，才可以戰勝各種困難。一個有耐心、有決心的人，才會得到別人的信任，才會獲得別人的幫助。相反地，做事三心二意、缺乏耐心和毅力的人，沒有人願意信任他們和幫助他們，因為他們不可靠，選擇他們會有很大的風險。

有些人最終沒有取得成功，不是因為他們能力不夠、誠心不足，或是沒有對成功的熱切希望，而是缺乏足夠的耐心。他們做事的時候，往往虎頭蛇尾、有始無終，總是對自己的決定產生懷疑，永遠處在猶豫不決之中。有時候，他們看準一件事情，但是做到一半，又覺得另一件事

---

1. 富蘭克林：18世紀美國最偉大的科學家和發明家，著名的政治家、外交家、哲學家、文學家、航海家，以及美國獨立戰爭的偉大領袖。

情更妥當。他們時而信心百倍，時而沮喪百倍。他們也許可能會在短時間取得一些成就，但是從長遠的方面來看，最終還是一個失敗者，不可能取得最後的成功。

成功有兩個最重要的條件：一是堅定，二是耐心。一般情況下，人們信任那些意志最堅定的人。意志堅定的人也會遭遇挫折，但是即使他們失敗了，也不會一蹶不振。

如果某人對公司的前景做出慘澹的描述，你仍然不為所動；同時，你的言談舉止中，可以顯示你的忠誠可靠、富有勇氣，你就是許多公司想要得到的員工。沒有這樣的品格，無論你的才識如何淵博，也無法得到主管的認同。

一位經理描述自己心目中的理想員工，他這樣說：「我們亟需的人才，是意志堅定、工作的時候全力以赴、有奮鬥進取精神的人。我發現，最能幹的員工，都是沒有受過高等教育的人，他們擁有全力以赴的態度，以及積極進取的精神。做事全力以赴的人，獲得成功機率大約九成；剩下一成的成功者，依靠的是天資過人。」

這位經理的說法，代表大多數管理者的用人標準：一個優秀的員工，除了忠誠以外，還要有堅定的意志。具有堅定意志的人，可以承受許多挫折。信心固然寶貴，但是有時候會因為力量不足、能力有限而受阻，只有借助堅定的意志，才可以長驅直入，直到成功。

百折不撓、永不屈服的堅定精神，是獲得成功的基礎。庫雷博士說：「許多年輕人的失敗，都可以歸咎於缺乏恆心。」很多年輕人具備成就事業的各種條件，但是他們的致命弱點是缺乏恆心，所以終其一生，只能從事一些平庸的工作。他們遇到一些困難與阻力，就會裹足不前，這樣的人怎麼可能披荊斬棘，勇往直前？想要獲得成功，就要為自己贏得美譽，讓周圍的人知道，任何事情到了你的手裡，都會做得很好。

如果對自己缺乏信心，只知道糊里糊塗地生活，依賴別人做事，遲早會被別人踢到一邊。相反地，如果擁有堅定的意志、聰明機智的頭腦、做事敏捷的聲譽，無論在哪裡，都可以找到一個適合自己的職位。

下篇

做一個自動自發的人

工作本身沒有高低貴賤之分，但是對於工作的態度卻有高低之別。
老闆不在身邊，更賣力工作的人，將會獲得更多。
老闆支付給你的工作報酬只是金錢，但是你在工作中給予自己的報酬更多，例如：珍貴的經驗、良好的訓練、才能的表現、品格的建立。

| 第四章 |

對待工作：熱愛、努力、勤奮

能幹、誠實、友善、盡職、淳樸等特徵，對於準備在事業上有所作為的年輕人來說，都是不可或缺的，但是更不可缺少的是：始終如一的工作熱忱。

看得起自己的工作

無論你貴為王侯還是身為百姓，無論你是男人還是女人，都不要看不起自己的工作。如果你認為自己從事的工作是卑賤的，你就犯了一個巨大的錯誤。

羅馬一位演說家說：「所有的手工勞動，都是卑賤的職業。」從此，羅馬的輝煌成為過眼雲煙，只能在自怨自艾中，羨慕其他國家的輝煌。

亞里斯多德[1]曾經說過一句讓古希臘人蒙羞的話：「想要妥善管理一座城市，就不應該讓工匠成為自由人。那些人不可能擁有美德，他們天生就是奴隸。」

如今，也有許多人認為某些工作是低賤的，甚至認為自己從事的工作是低賤的。他們無法認識自己從事工作的價值，只是迫於生活的壓力而勞動。他們輕視自己從事的工作，無法將全部的身心投入其中。他們在工作中敷衍塞責，將心思用在如何擺脫現在的工作上。這樣的人在任何地方都不會有所成就，瞧不起自己的工作，也就是低估自己的能力。

一定要記住，所有正當合法的工作都是值得尊敬和熱愛的。只要你

---

1. 亞里斯多德：（前384—前322年），古希臘斯塔基拉人，世界古代史上最偉大的哲學家、科學家、教育家之一，是柏拉圖的學生、亞歷山大的老師。

誠實地勞動和勤奮地努力，沒有人可以貶低你的價值，關鍵在於：你如何看待自己從事的工作。那些只知道要求高薪，不知道自己應該承擔什麼責任的人，無論是對自己，還是對老闆，都是沒有價值可言的。

工作本身沒有高低貴賤之分，但是對於工作的態度卻有高低之別。一個人是否可以把事情做好，只要看他對待工作的態度就可以知道。一個人的工作態度，與他的性情有密切的關係。一個人的工作態度，也是他人生態度的表現。所以，瞭解一個人的工作態度，在某種程度上，就是瞭解這個人。

如果一個人輕視自己的工作，將自己從事的工作看作低賤的事情，他就是看不起自己。因為看不起自己的工作，就會感到艱辛和煩悶。遺憾的是，當今社會，許多人輕視自己的工作，沒有把工作看作是創造事業的必經之路和發展才能的有效工具，而是把工作視為衣食住行的供給者，認為工作是謀生的工具，是無可奈何、不可避免的勞碌，這種錯誤的觀念真的需要改變！

那些輕視自己工作的人，往往是被動適應生活的人，他們不願意奮鬥進取，努力改善自己的生存環境。對於他們來說，公務員的工作更體面，他們不喜歡商業和服務業，更不喜歡體力勞動，認為自己應該生活得更輕鬆，有一個更好的職位，工作的時間應該更自由。他們總是固執地認為，自己在某些方面更有優勢，會有更光明的前途，但是事實上並非如此，他們只是一群好高鶩遠的人。

那些輕視自己工作的人，實際上都是懦夫。與體面的公務員相比，商業和服務業需要付出更多的勞動，需要更多的工作能力。他們害怕接受挑戰的時候，就會找出許多藉口，久而久之，就會輕視自己的工作。

他們對於什麼是理想的工作，有許多錯誤的認識（如果他們對於工作還存有理想）。萊伯特曾經對這些人提出警告：「如果人們只是追求高薪與政府職位，是非常危險的事情。它說明這個民族的獨立精神已經枯竭，或是說得更嚴重，一個國家的國民如果只是費盡心思地追求高薪和政府職位，會使整個民族像奴隸一般地生活。」

輕視現在從事的工作，懶惰地度過每一天，只會給我們帶來更大的不幸。有些人用自己的天賦來創造美好的未來，為社會做出貢獻；有些人沒有生活目標，做事畏首畏尾，埋沒自己的潛能，浪費許多時間，到了晚年，只能苟延殘喘地度日。本來可以創造輝煌的人生，最後卻與輝煌失之交臂。一個農夫，如果輕視自己從事的工作，即使有成為華盛頓的機會，也只能終日在田裡工作。

不要只為薪水而工作

有一些年輕人，自認為是天之驕子，開始工作以後，認為自己應該得到重用，應該得到豐厚的報酬。他們沒有工作經驗，空有一張文憑，以及那些等待應用於實踐的理論。薪水似乎成為他們衡量一切的標準，在薪水上相互攀比，是他們最喜歡做的事情。事實上，這些剛踏入社會的年輕人，雖然豪情萬丈，但是缺乏工作經驗，很難委以重任，薪水不會很高。這樣一來，這些年輕人的怨言更多了。

這些年輕人也許是看見或是聽到父輩和別人被老闆無情壓榨的事實，因而他們將社會看得比上一代人更冷酷、更嚴峻、更現實。在他們看來：我為公司工作，公司付給我一份報酬，等價交換而已，給多少錢，做多少工作。除了薪水以外，難道沒有其他的東西嗎？那些在校園中編織的美麗夢想呢？也消失了嗎？這些人沒有信心，沒有熱情，工作的時候總是採取應付的態度，可以不做就不做，可以躲避就躲避，好像這樣做就可以報復老闆。這樣做也許對得起自己賺的那份薪水，但是你是否想過，這樣做是否對得起自己的前途？是否對得起家人和朋友的期待？是否對得起自己曾經的夢想？

為什麼會出現這樣的情況？原因在於：他們對於薪水這個東西缺乏更深入的瞭解。大多數人總是不滿足的，認為自己現在得到的薪水太微薄了，在這種不滿足的心理驅使之下，逐漸放棄比薪水更重要的東西。

不要只為薪水而工作，因為薪水只是工作所得的一種報償方式，雖然是最直接的一種，但也是最短視的一種。一個人如果只是為薪水而工作，沒有更遠大的目標，不是一個好的選擇，受到傷害最深的不是別人，而是自己。

只是以薪水作為個人的奮鬥目標，無法走出平庸的生活方式，也不會獲得真正的成就感。雖然薪水是我們工作的目的之一，但是從工作中可以獲得的，絕對不僅僅是裝在信封中的那些鈔票。

心理學家透過觀察以後發現，金錢在到達某種程度之後，就會不再誘人。即使你還沒有到達那種境界，但是如果你在意內心的感受，就會發現：金錢只是許多報酬之中的一種。如果你不相信，可以請教那些事業有成的成功人士，問他們在沒有優厚的金錢回報下，是否還會繼續從事自己的工作。大多數人的回答是：「是的！我不會改變我的初衷，因為我熱愛這份工作。」想要攀上成功的階梯，最聰明的方法是：選擇一份即使薪水不多也願意去做的工作。熱愛自己從事的工作，金錢就會相伴而來，你會成為競相聘請的對象，也會獲得更豐厚的酬勞。

工作的品質，決定生活的品質。無論薪水高低，工作的時候都要積極進取，使自己的內心更充實，這就是事業成功者與事業失敗者的不同之處。工作過分輕鬆隨意的人，無論從事什麼工作，都不可能獲得成功。將工作當作賺錢謀生的手段，這種想法會讓人蔑視。

只為薪水而工作，看起來目的很明確，但是容易被短期利益矇蔽心智，無法看清未來發展前途，即使日後奮起直追，也無法超越。

那些不滿於薪水而敷衍工作的人，會對老闆造成損害，但是長此以往，最終傷害的還是自己，最後成為一個心胸狹隘的庸人，在日復一日的敷衍中，埋沒自己的才華，湮滅自己的創意。

因此，即使是拿著微薄的薪水，你也應該懂得，老闆支付給你的工作報酬只是金錢，但是你在工作中給予自己的報酬更多，例如：珍貴的經驗、良好的訓練、才能的表現、品格的建立。這些東西與金錢相比，其價值高出千倍萬倍。如果你願意去研究那些成功人士，就會發現：他們並非一開始就成功，不是始終高居事業的頂峰。在他們的一生中，有許多攀上頂峰又墜落谷底的經歷，雖然過程跌宕起伏，但是有一種東西始終伴隨著他們，那就是：經驗能力。經驗能力可以幫助他們重返事業的巔峰，笑傲人生。

不要只為薪水而工作，工作給予你的比你為它付出的更多。如果你盡心盡力工作，一直在進步，就會有一個良好的人生記錄，使你在這家公司甚至這個行業擁有良好的聲譽，良好的聲譽會陪伴你一輩子。

遺憾的是，有些人工作的時候，總是喜歡「忙裡偷閒」：上班遲到、早退；在辦公室閒聊；借出差之名，到處遊山玩水……他們也許沒有因此被解雇或是扣薪，但是會得到一個惡劣的名聲，如果他們想要從事其他工作，也不會有人對他們感興趣。

一個人如果總是為自己應該拿多少薪水而煩惱，怎麼可能看到薪水背後可能獲得的成長機會？怎麼可能意識到從工作中可能獲得的技術和經驗？怎麼可能明白對自己的未來會產生多麼巨大的影響？只會無形中把自己困在裝著薪水的信封裡，永遠不知道自己真正需要的是什麼。

你一定要相信，大多數老闆都是精明的，希望可以吸引到更多有才華的員工，並且會根據員工的努力程度來晉升或是加薪。那些在工作中堅持不懈的人，最終會獲得晉升，薪水也會隨之提高。

但是，精明而睿智的老闆在鼓勵員工的時候不會說：「盡力去做吧，我會給你加薪。」而是會說：「把你的全部本領拿出來，有更重要的任務交給你！」你放心，與任務而來的是薪水的提高。

無須擔心自己的努力會被忽視，你全心全意工作的時候，相信你的老闆會注意到。在你冥思苦想如何多賺一些錢之前，試著思考如何把現在的工作做得更好，這樣一來，你完全不需要為多賺一些錢而煩惱。不要尋找如何說服老闆為你加薪的理由，奉獻自己的時間和精力，在每份工作中竭盡所能，你的薪水就會得到提升。

那些薪水微薄的人，突然被升遷到一個重要的位置上，看起來似乎有些突然，甚至遭受人們的質疑。但是實際上，他們應該得到這樣的待遇，因為他們拿著微薄薪水的時候，始終沒有放棄努力，保持積極進取的工作態度，滿懷希望和熱情地朝著自己的目標努力，在這個過程中獲得豐富的經驗，這些正是他們獲得升遷的原因。

如果你發現自己的老闆不是一個睿智的人，沒有注意到你付出的努力，也沒有給予相應的回報，不要沮喪，你可以換一個角度來思考：現在的努力，不是為了現在的回報，而是為了更長遠的未來。投身於職場，是為了將來的自己，是在為自己而工作。生活不是只有現在，最重要的是：獲得不斷晉升的機會，為獲得更多的收入奠定基礎。

許多商界名人剛開始工作的時候收入不高，但是他們從來沒有把眼光局限於此，而是堅持不懈地努力工作。在他們看來，自己缺少的不是金錢，而是能力、經驗、機會。他們功成名就的榮耀，怎麼會是金錢可以衡量的！

你的老闆可以控制你的薪水，可是他無法遮住你的眼睛，捂上你的耳朵，阻止你的思考，限制你的學習。換句話說，他無法剝奪你因此而得到的回報，也無法阻止你為未來做出的努力。

也許你無法命令老闆應該做什麼，但是你可以讓自己按照最佳的方式行事；也許你的老闆沒有風度，但是你應該要求自己做事要有原則。你不應該因為老闆的缺點而敷衍工作，埋沒自己的才華，毀掉自己的未來。無論你的老闆有多麼吝嗇，多麼刻薄，你都不能以此為藉口，放棄努力的機會。

比較一下兩個具有相同背景的年輕人：一個熱情主動、積極進取，對自己的工作精益求精，總是為公司的利益著想；另一個投機取巧、敷衍了事，抱怨自己的薪水太少，總是把自己的利益放在第一位。如果你是老闆，你會雇用誰？或是說，你會給誰更多的發展機會？

大多數的人只為薪水而工作，如果你不只是為薪水而工作，就可以超越這些人，邁出成功的第一步。

工作，並且感到快樂

即使你的處境不如人意，也不應該厭惡自己的工作，世界上再也找不出比厭惡自己的工作更糟糕的事情。如果環境迫使你不得不做一些令人乏味的工作，你應該想盡辦法使自己的工作充滿樂趣。用積極的態度投入工作中，只要你那麼做，就會發現：無論你做什麼，都有快樂蘊含其中。

我們可以透過工作提升能力，可以透過工作得到經驗，也可以透過工作獲得快樂。對工作投入的熱情越多，信心就會越大，工作效率也會越高。擁有工作的熱情，上班就不是一件苦差事，工作就會變成一種樂趣。熱愛工作，機會就會來臨，就會有許多人聘請你做你喜歡的事情。工作是為了讓自己更快樂，你要記住這一點！如果你每天工作八個小時，就等於在快樂中暢遊八個小時，快樂的工作，是一件多麼划算的事情啊！

我看過許多不快樂的員工，他們在公司工作，擁有淵博的知識，受過專業的訓練，有一份令人羨慕的工作，但是在他們的臉上看不見絲毫的快樂。他們是一群孤獨的人，不喜歡與別人交流，更不喜歡星期一；他們把工作看作是緊箍咒，工作是為了生存迫不得已的行為；他們精神緊張，未老先衰，經常罹患胃潰瘍和憂鬱症，健康狀況令人擔憂。

可以工作並且感到快樂的時候，就會如願以償，就會愛你所選，不會輕易變動。如果無法從心理上調整自己，即使換一萬份工作，也不會有所改變。與其經常換工作，不如改變自己。

工作的時候，如果可以用精益求精的態度，火焰般的熱情，充分發揮自己的專長，無論做什麼工作，都不會覺得乏味而痛苦。如果用滿腔的熱情去做最平凡的工作，也可以成為行業裡的高手；如果用冷淡的態度去做最不平凡的工作，只會成為行業裡的庸才。

一個人厭惡自己的工作，不可能取得成功。引導成功者的磁石，不是對工作的輕視與厭惡，而是對工作熱情與樂觀的精神和百折不撓的勇氣。

無論你的工作是多麼的卑微，都要以精益求精的精神去審視。這樣一來，就可以從迷惑的境況中解脫出來，不再有勞碌辛苦的感覺，厭惡的感覺也會消散，一種由工作帶來的快樂油然而生。

我經常聽到一些剛畢業的大學生抱怨自己選擇的科系，於是我試著向他們提出這樣的問題：「如果你選擇的科系與自己的興趣南轅北轍，當初為什麼要選擇它？如果你已經為這個科系付出四年的時間，或是甚至更多的時間，表示你對自己選擇的科系雖然談不上熱愛，但是至少可以忍受，還有什麼可以抱怨的？」

任何抱怨都是逃避責任的藉口，無論對自己還是對社會，都是不負責任的。想一下亨利・凱薩吧，他是一個真正成功的人，不僅因為冠以其名字的公司擁有10億美元以上的資產，更是因為他的慷慨與仁慈：他使許多啞巴開口說話，使許多跛者過著正常人的生活，使許多窮人以低廉的費用得到醫療保障……所有這一切，都是因為他的母親在他的心田裡播下希望的種子，他只是讓它生長出來而已。

瑪麗・凱薩給兒子亨利一份無價的禮物——教導他如何實現人生的

價值。瑪麗在工作一天之後，總要花費一段時間做義務工作，幫助那些不幸的人。她經常對兒子說：「亨利，不工作就不可能完成任何事情。我沒有什麼可以留給你，只有一份無價的禮物：快樂地工作。」

亨利・凱薩說：「我的母親最先教導我對別人的熱情和幫助別人的重要性。她經常說，熱愛別人和幫助別人是人生中最有價值的事情。」

如果你可以理解以上的話，可以掌握快樂工作的法則，可以將自己的興趣和工作結合起來，你的工作就不會顯得辛苦和單調。興趣會使你充滿活力，使你事半功倍，不會覺得疲勞和辛苦。

工作不僅是為了滿足生存的需要，也是實現個人價值的展現，我們不能無所事事地終老一生，應該將自己的興趣和工作結合起來，如果可以這樣做，無論做什麼工作，都會樂在其中，而且會熱愛自己從事的工作。

成功者總是工作並且感到快樂，同時可以將這份快樂傳遞給別人，使人們不由自主地接近他們，樂於與他們相處或是共事。人生最有意義的就是工作，與同事相處是一種緣分，與顧客相處是一種樂趣。

約翰・羅斯金說：「只有工作，才可以讓自己精神煥發。在工作中不斷思考，工作是一件很快樂的事情，工作與快樂絕對密不可分。」

熱忱是工作的靈魂

熱忱可以與別人分享，不影響其原有的熱度。熱忱分享給別人之後，不會減少一絲一毫，反而會增加。付出的越多，得到的也會越多。生命中最偉大的成就，不是來自於財富的累積，而是來自於熱忱帶來的精神上的滿足。

滿懷熱忱地工作，並且努力使你的老闆和顧客感到滿意的時候，你獲得的就會越來越多。充滿熱忱地去做事，因為它是一種神奇的要素，可以吸引具有影響力的人，它是走向成功的基石。

能幹、誠實、友善、盡職、淳樸等特徵，對於準備在事業上有所作為的年輕人來說，都是不可或缺的，但是更不可缺少的是：始終如一的熱忱。

那些所謂的人類文明的先行者、英雄、詩人、發明家、藝術家、音樂家、作家、企業的創造者，無論他們來自什麼民族、什麼地方、什麼時代，他們就是引導人類從野蠻社會走向文明的引路者，他們都是滿懷熱忱的人。

如果你無法使自己的全部熱忱投入到工作中，無論做什麼工作，都有可能淪為平庸之輩。平庸的你，無法在人類的歷史上留下任何印記。如果是這樣，你的人生結局會和成千上萬的平庸者一樣。

熱忱是工作的靈魂，熱忱是生活的本身。如果你無法從每天的工作中找到樂趣，只是為了生存不得不從事工作，只是為了生存不得不完成任務，你的人生註定暗淡無光。

許多人以得過且過的狀態工作的時候，他們一定犯了某種錯誤，或是錯誤地選擇奮鬥的目標，使他們在自己不感興趣的職業道路上舉步維艱，浪費許多精力。他們需要某種內在力量使他們覺醒，他們應該被告知：他們可以做自己認為最好的工作。他們應該根據自己的興趣，發揮自己的才智，根據自己的能力，使它在工作中增至原來的10倍、20倍、100倍。

熱忱無法容忍任何阻礙實現既定目標的干擾，它擁有戰勝所有困難的強大力量，可以使你保持清醒的頭腦，可以使你所有的神經處於興奮狀態，可以走進你內心的渴望，並且把它激發出來。

著名音樂家韓德爾年幼的時候，家人不准他接觸樂器，甚至不讓他上學，害怕他會學到音符。但是這些阻礙都沒有用，他會在半夜裡，悄悄地跑到閣樓裡彈鋼琴；莫札特年幼的時候，每天要做許多工作，到了晚上，還要偷偷地去教堂聆聽風琴演奏，他的全部辛勞都融化在音樂裡；巴哈年幼的時候，只能在月光下抄寫自己喜歡的東西，點一支蠟燭的要求也會被拒絕。他抄寫的資料還有隨時會被沒收的危險，但是他從來沒有灰心喪氣。奧利布林年幼的時候，皮鞭和責罵每天折磨他的堅韌，但是他充滿熱忱的心從未降溫，苦難使他更專注地投入自己的小提琴曲中。

沒有滿腔的熱忱，軍隊不會打勝仗，雕塑不會栩栩如生，音樂不會震撼心靈，建築不會拔地而起，詩歌不會與人們產生共鳴，慷慨無私的愛也不會出現在這個世界上。

熱忱使勇敢的人拔劍而出，為人類的自由而戰；熱忱使樵夫舉起斧頭，開拓人類文明之道路；熱忱使米爾頓和莎士比亞拿起手中的筆，在樹葉上記下他們火熱的思想。

波以耳說：「離開熱忱，無法做出偉大的創造，這也是所有偉大事物激勵人心之處。離開熱忱，任何人都是平淡無奇；擁有熱忱，任何人都不可以小覷。」

所有偉大成就的取得過程中，最具有活力的因素就是熱忱。它融入每一項發明、每一尊雕塑、每一幅圖畫、每一首偉大的詩、每一部讓世人驚歎的小說、每一篇感人肺腑的文章中。熱忱是一種精神的力量，它的本質是一種積極向上的力量。

與其說成功是取決於人們的才能，不如說是取決於人們的熱忱。熱忱，使我們的意志更堅強；熱忱，使我們的決心更堅定！它給我們的思想力量，促使我們立刻行動，直到把「可能」變成「一定」。如果有一件事情值得你為它付出，雖然實行起來不是那麼容易，不要畏懼，把你可以發揮的全部熱忱投入進去。不半途而廢、不害怕冷嘲熱諷、不會猶豫不決、不膽小怕事的人，往往是取得最多成就的人。

充分認識到自己工作的價值和重要性，它對這個世界來說，是不可或缺的一部分。全心地投入到你的工作中，把它當作一項特殊的使命，把這種信念植根於你的頭腦中，成功就會即將到來！

源源不斷的熱忱，可以使你永保青春，讓你的心中充滿陽光。一位偉人說：「請用你的所有，換取對這個世界的理解。」我要說：「請用你的所有，換取對工作的熱忱。」

「讓我們勤奮工作！」

「讓我們勤奮工作！」這是古羅馬皇帝臨終之前留下的遺言。當時，士兵們全部聚集在他的周圍。

勤奮是羅馬人的偉大品格，也是他們征服世界的秘訣。那些戰功顯赫的將軍勝利歸來之後，都要歸鄉務農。當時，農業生產非常發達，務農受人尊敬，羅馬人被稱為優秀的農業家，就是這個原因。

正是因為當時的羅馬人推崇勤勞的品格，才會使羅馬帝國逐漸強大。

然而，隨著財富日益增加，奴隸數量日益增多，勞動對於羅馬來說，變得不再必要，於是國勢逐漸衰落。結果，好逸惡勞的人越來越多，犯罪橫行、腐敗滋生，一個有崇高精神的民族變得聲名狼藉。

許多即將成功的人，應該成為非凡的人物，但是他們沒有獲得真正的成功。原因何在？原因在於：他們沒有付出走向成功的代價。他們希望到達輝煌的巔峰，但是不想越過阻礙的階梯；他們渴望獲得最後的勝利，但是不想參加戰鬥與挑戰；他們希望所有事物一帆風順，但是不想遭遇任何挫折。

懶惰的人會說：「我沒有能力，讓自己和家人衣食無憂。」勤奮的人會說：「我沒有能力，但是我可以拼命工作以換取麵包。」

古羅馬有兩座聖殿，一座是美德的聖殿，一座是榮譽的聖殿。古羅馬人在安排座位的時候有一個順序：必須經過美德聖殿的座位，才可以到達榮譽聖殿的座位。寓意是：勤奮的美德，是通往榮譽聖殿的必經之路。

行為決定習慣，習慣決定品格。一個人的品格，是多年的行為和習慣重複的結果。

一個人的品格，受到思維習慣與成長經歷的影響，他在人生中可以做出不同的努力，做出善或惡的選擇，最終決定自己的品格。

無所事事會令人退化，貪圖安逸會使人墮落。只有勤奮努力，才可以為我們帶來真正的幸福和快樂。

| 第五章 |

對待公司：敬業、責任、忠誠

勤奮敬業的名聲是人生最大的財富，它會帶給你意想不到的收穫。想要在公司中有所作為，就要抱持一定要完成的決心，抱持追求盡善盡美的態度。

敬業是你的使命

敬業是你的使命，是人類共同擁有和崇尚的精神。從一般意義上說，敬業就是敬重自己的工作，將工作上的事情當作自己的事情，具體表現為忠於職守、盡職盡責、負責嚴謹、一絲不苟、善始善終等職業道德。敬業的道德感會在社會上發揚光大，使敬業精神成為最基本的做人之道。敬業是把人們的使命感和責任感融合在一起，是成就事業的重要條件。

任何一家公司，想要在競爭日益激烈的市場中脫穎而出，就要發揮每個員工的敬業精神。一個敬業的員工，可以提供高品質的服務，生產高品質的產品。推而廣之，一個國家如果想要屹立於世界之林，就要使其人民具有敬業精神：警察應該盡職盡責地為民眾服務；行政官員應該勤奮思考，制定和執行相關政策；議員代表應該勤於問政，瞭解民情。

遺憾的是，無論從事什麼行業，我們總是可以發現一些投機取巧、逃避責任、尋找藉口之人，他們不僅缺乏神聖的使命感，而且缺乏必要的敬業精神。

敬業從表面上看是有益於公司，有益於老闆，但最終的受益者卻是自己。

如果我們可以將敬業變成一種習慣，就可以學到更多的知識，累積更多的經驗，全心投入到工作中，並且在工作中感受到快樂。這種習慣或許不會有立竿見影的效果，但可以肯定的是，「不敬業」成為一種習慣的時候，其結果卻是立竿見影的。工作上投機取巧，也許會給你的公司帶來一些影響，給你的老闆帶來一些損失，但是會毀掉你的職業前途。

一個人的成敗與自己的品格有很大的關係。一個勤奮敬業的人，也許不會立刻獲得主管的賞識，但是可以獲得別人的敬佩與尊重。那些投機取巧之人，即使利用某種手段爬上高位，卻會被人們視為品格惡劣，無形中給自己的成功之路設置障礙，遲早會從高位上跌落。勤奮敬業的名聲是人生最大的財富，它會帶給你意想不到的收穫。

如果可以得到別人的尊重，就可以獲得更多的自尊和自信。無論你的職位多麼低，無論你的薪水多麼少，無論你的老闆多麼不重視你，只要你忠於職守，全心全意地投入自己的精力和熱情，就會為自己的工作感到驕傲和自豪，就可以贏得別人的尊重與愛戴。以積極的態度去對待自己的工作，就可以把工作做得更好，也可以得到更多的尊重，距離成功的機會也會越來越近。

喜歡投機取巧的人，是一個對工作不負責的人，這樣的人缺乏自信，無法體會工作的樂趣。事實上，把工作推給別人的時候，也是把自己的信心和快樂送給別人。這樣的傻事，你怎麼可能去做？

追求盡善盡美的態度

很久以前，一位富翁要出門遠行。臨行以前，他把自己的三個僕人叫來，並且把財產委託他們保管。依據這三個僕人以往的能力表現，他給第一個僕人10兩銀子，給第二個僕人5兩銀子，給第三個僕人2兩銀子。

拿到10兩銀子的僕人，把富翁給他的10兩銀子用於經商，最終賺到10兩銀子；拿到5兩銀子的僕人，把富翁給他的5兩銀子用於投資，最終賺到5兩銀子；拿到2兩銀子的僕人，把富翁給他的2兩銀子埋在土裡，最終這2兩銀子還是2兩銀子。

過了很長一段時間，富翁回來了，他與這三個僕人開始結算。拿到10兩銀子的僕人，帶著他的本錢和賺到的10兩銀子來見富翁。富翁看了以後說：「做得非常好！你是一個很有想法而且充滿自信的人，我會讓你管理更多的事情，現在去享受你的獎賞吧！」

接著，拿到5兩銀子的僕人，帶著他的本錢和賺到的5兩銀子來見富翁。富翁看了以後說：「做得非常好！你是一個很有想法而且充滿自信的人，我會讓你管理更多的事情，現在去享受你的獎賞吧！」

最後，拿到2兩銀子的僕人，帶著始終未變的2兩銀子來見富翁，並且說：「親愛的主人，我知道你是一個把金錢看得很重的人。拿著僅有的本錢去投資，就像收穫沒有播種的土地，收割沒有撒種的莊稼，我很害怕。於是，我把你給我的2兩銀子埋在土裡，這樣就不會有任何損失。」

富翁回答：「你是一個沒有自信而且懶惰的人，你既然知道我看重金錢，想要收穫沒有播種的土地，收割沒有撒種的莊稼，你至少要把錢存到銀行裡，以便我回來的時候可以拿到我的那份利息。我會把它給那些讓我賺到銀子的人，給那些已經擁有很多的人，使他們變得更富有。對於那些沒有為我帶來任何收益的人，我甚至會剝奪他已經擁有的。」

第三個僕人原本以為自己會得到富翁的讚賞，因為他保住富翁給他的2兩銀子。在他看來，雖然沒有使金錢增加，但是也沒有使金錢減少，中規中矩地完成富翁交代的任務。然而，他的主人卻不這麼認為。他不想讓自己的僕人順其自然，而是希望他們可以更主動，變得更優秀。

不要滿足於「還可以」的工作表現，如果要做，就要做到最好，這樣才可以成為不可或缺的人物。任何事情不可能十全十美，但是我們不斷提升自己的時候，對自己要求的標準會越來越高，這就是超越平庸、勇於進取的精神。

對於大多數人來說，隨波逐流就是平庸。為什麼我們可以選擇更好的時候，總是選擇平庸？為什麼我們只能做別人正在做的事情？為什麼我們不可以超越平庸，戰勝自己？

我厭倦平庸，在這樣的感覺下，我寫下以下的話：

不要總是認為別人對你的期望比你對自己的期望高。如果有人在你做的工作中找出問題，你就是不完美的，不要找藉口。

承認你確實存在一些問題，並且承諾自己可以做得更好。不要極力地為自己辯解，所謂的捍衛自己的尊嚴。

我們可以選擇做得更好的時候，又何必選擇平庸？我討厭有人說自己的天性如此，要求不高，沒有別人那麼強烈的上進心。

超越平庸，你可以做得更好。這是一句值得我們一生追求的格言。許多人因為養成輕視工作的習慣，以及對工作敷衍了事的態度，終致一生處於社會底層，碌碌無為。

打開歷史的畫卷，就會發現充滿由於疏忽、敷衍、畏難、偷懶、輕率而造成的可怕慘劇。不久之前，在賓夕法尼亞的奧斯丁鎮，因為築堤工程沒有按照設計去施工，結果堤岸建成之後，全線潰決，全鎮被淹沒了，許多人死於這場事故。如果我們可以憑著良心做事，不怕困難，不要半途而廢，就可以減少許多悲劇，而且會做得更好。

養成敷衍了事的惡習之後，做事的時候就會偷奸耍滑。這樣一來，人們就會輕視我們的工作，甚至輕視我們的品格。平庸的工作，會造成平庸的生活。工作是生活的一部分，做著平庸的工作，會使工作的效能降低。平庸的工作，是摧毀理想、墮落生活、阻礙前進的敵人。

想要在公司中有所作為，就要在做事的時候，抱持一定要完成的決心，抱持追求盡善盡美的態度。那些為人類造福的人，都具有這樣的素質。無論做什麼事情，如果只是以做到「還可以」為目標，不可能取得真正的成功。

有人說：「輕率和疏忽造成的禍患不相上下。」許多人之所以失敗，就是敗在做事輕率這一點上。做事輕率的人，不可能把自己的工作做到盡善盡美。只有盡職盡責地做好自己的工作，才可以獲得別人的認同，得到晉升的機會。

許多人在尋找發展機會的時候，經常會有這樣的疑問：「做這種平凡乏味的工作，會有什麼希望？」其實，在極其平凡的職位上，往往蘊藏著巨大的機會。只要把自己的工作做得比別人更完美，調動自己全部的智慧，就可以引起別人的注意，讓自己實現心中的願望。

做完一項工作以後，你應該這樣說：「我願意做那份工作，我已經竭盡全力地去做。比起讚譽，我更願意聽取別人的批評。」

成功者和失敗者的分水嶺在於：成功者無論做什麼事情，都會認真負責；失敗者無論做什麼事情，都會輕率疏忽。

在如今的社會，工作的品質，決定生活的品質。在工作中，應該嚴格要求自己，不要半途而廢。無論你的薪水高低，都要保持這種良好的工作習慣。我們應該把自己看作是一位傑出的藝術家，而不是一個平庸的工匠，以不變的熱情和信心，對待自己的工作和公司。

成為公司中不可替代的人

如果你可以找到更有效的做事方法，就可以提升自己在老闆心目中的地位。老闆會邀請你參加公司決策會議，你會被調升到更高的職位，因為你已經變成一位不可替代的重要人物。

世界著名的成功學家拿破崙・希爾，曾經聘用一個年輕女孩當助手，這個女孩的工作主要是幫他拆閱、分類信件，薪水與相關工作的其他人一樣。有一天，拿破崙・希爾口述一句格言：「請記住：你唯一的限制，就是你的頭腦中設立的那個限制。」要求女孩用打字機列印出來。

女孩將列印出來的文件交給拿破崙・希爾，並且有所感悟地說：「你的格言令我深受啟發，對我的人生有很大的幫助。」

女孩的話並未引起拿破崙・希爾的注意，但是他的這句格言卻在女孩的心中打上深深的烙印。從那天開始，她總是會在晚飯以後回到辦公室繼續工作，不計報酬地做一些並非自己份內的事情，例如：幫拿破崙・希爾回信給讀者。

女孩認真研究拿破崙・希爾的語言風格，以至於她的回信和拿破崙・希爾寫的一樣好，有時候甚至更好。她一直堅持這樣做，不在意拿破崙・希爾是否注意到自己的努力。終於有一天，拿破崙・希爾的秘書因故辭職，在挑選適合人選的時候，他就想到這個女孩。

女孩沒有得到這個職位之前，已經做了很多這個職位應該做的事情，這正是她獲得升遷最重要的原因。在沒有任何報酬的情況下，她盡心盡力工作，這樣做的結果，就是使自己獲得更高的職位。

故事到這裡沒有結束。這個年輕女孩的工作態度和工作能力，引起許多人的關注，其他公司也提供更好的職位。為了留住這個女孩，拿破崙・希爾多次幫她加薪，與最初作為普通速記員相比，已經高出四倍。

無論從事什麼工作，應該在工作範圍之外，提供一些對別人有價值的服務，這樣可以讓自己獲得更多的機會。主動為別人提供這些幫助的同時，你應該瞭解，自己這樣做的目的不是為了獲得金錢上的回報，而是為了提升自己的能力和培養自己的進取心。我們可以拿出的最好的推薦信，就是以積極的態度，為別人提供有價值的服務。

社會的發展，離不開優秀的人才。「適者生存[1]」的法則，不是建立在優勝劣汰的基礎上，而是建立在公平正義的基礎上。若非如此，美德如何發揚光大？社會如何取得進步？那些懶惰的人與勤奮的人相比，有天壤之別。

我認識許多老闆，他們費盡心機地尋找可以全心全意工作的人。這些老闆要找的人，不需要出眾的技巧，只需要做事謹慎、充滿熱情、盡職盡責。然而，他們聘請許多員工，總是因為粗心、懶惰、能力不足而遭到解雇。與此同時，那些被解雇的員工卻經常抱怨命運對自己不公

---

1. 適者生存：生存下來的生物都是適應環境的，被淘汰的生物都是不適應環境的，這就是「適者生存」。

平。

很多人無法培養自己一絲不苟的工作態度，原因在於：貪圖享受、好逸惡勞，背棄將工作做到盡善盡美的原則。就像任何事物無法在同一時間佔據同一位置，如果你可以成為公司中不可替代的人，就會有加薪和升遷的籌碼。

帶著責任心，自動自發做事

老闆不在身邊，更賣力工作的人，將會獲得更多。如果只有在別人注意的時候才展現自己，永遠無法到達成功的頂峰。最嚴格的展現標準，應該是自己設定的，而不是別人要求的。如果你對自己的期望比老闆對你的期望更高，就不必擔心會失去工作。同樣地，如果你可以達到自己設定的最高標準，加薪和升遷也就指日可待。

我們經常會發現，那些被認為一夜成名的人，其實在成名之前，已經默默無聞地努力很長一段時間。成功是一種努力的累積，無論哪個行業，想要攀上頂峰，都需要長時間的努力。

想要登上成功的巔峰，就要保持自動自發的精神，只要擁有這種精神，即使面對缺乏挑戰或是毫無樂趣的工作，也會有千倍萬倍的熱情。養成這種自動自發的習慣，就有可能成為公司的重要人物。那些位高權重的人，都是以行動證明自己勇於承擔責任、值得信任、自動自發。

可以自動自發地做事，為自己的行為承擔責任，是那些事業有成的人和凡事得過且過的人之間的最大區別。擁有自動自發的精神，沒有人可以阻止你達成自己的目標。

和大多數年輕人一樣，我在大學期間做過許多工作：修理腳踏車，雖然後來被解雇；挨家挨戶賣辭典，雖然經常遭到拒絕；有一年，我在夏天為一個選美比賽收回那些已經售出卻尚未收回的門票，這些門票是那些中年人在甜言蜜語的推銷員的勸說下訂購的，但是他們根本無意去觀看，我要做的工作就是把他們的門票收回來；做過數學家庭教師、書店收銀員、出納、夏令營孩子們的顧問；幫別人打掃院子，整理房間和船艙……

我做的這些工作，大多數都很簡單，我曾經認為它們是下賤而廉價的工作。後來，我發現自己錯了。這些普通的工作，潛移默化地給我珍貴的教訓和經驗。無論在什麼工作環境中，都可以學到許多東西，真的！

以在商店的工作來說，我認為自己是一個好員工，做了自己應該做的事情：把商品賣出去，把貨款收回來。然而有一天，我正在和一個同事閒聊的時候，經理走進來，他環顧四周，然後示意我跟在他身後。他一句話也沒有說，開始整理那些訂購的商品，整理完之後，他走到食品區，開始清理櫃檯，然後將購物車清空，為顧客購物提供方便。

我驚訝地看著經理所做的一切，彷彿過了很久才醒悟過來，他希望我可以自動自發地做這些事情！我驚詫萬分，不是因為這是一項新任務，而是自己從來沒有想要這樣做。但是，經理始終一句話也沒有說，只是不停地忙碌，直到把所有事情做好。

我之前是一個好員工嗎？我羞愧不已，經理那天做的事情，使我受益匪淺。他不僅使我成為一個更優秀的員工，還讓我從工作中學到一個教益。這個教益是：要對自己的工作負責，自動自發更上一層樓，要做別人安排的事情，也要做別人沒有安排的事情。

悟透這個教益，以前我認為低俗的工作開始變得有趣。我專注於自己的工作，學到更多的經驗，克服更多的困難。後來，我離開那家商店，但是在那裡工作的經驗，對我的人生和事業的影響非常深遠。在工作上，我從一個旁觀者，變成一個認真負責的主動者。

如今，我已經成為一位管理者，但是我依然習慣去發現那些不是我份內的工作，但是需要我去做的事情。在任何工作中，我都可以發現超越別人的機會，而且會緊緊地抓住。這讓我受益匪淺，不僅讓我的公司具有競爭力，也讓我得到更多的關注。

每個員工在任何一家公司都要相信這一點：你可以使自己的生活變得更好，就從現在的工作開始，就從今天開始，不必等到不確定的某一天，或是等你找到理想的工作。

所謂的自動自發，就是隨時準備把握機會，展現超過正常要求的努力，以及擁有「為了完成任務，不惜打破框架」的智慧和勇氣。一個優秀的管理者，應該努力培養員工自動自發的主動性，培養員工盡職盡責的責任心。責任心的高低，會影響工作的表現。工作責任心低的員工，總是墨守成規、避免犯錯，遵守公司的規章制度；工作責任心高的員工，勇於承擔責任，有獨立思考能力，成為公司最受歡迎的人。

比金子更珍貴的是忠誠

如果智慧和勤奮像金子一樣珍貴，還有一種東西比金子更珍貴，那就是——忠誠。忠誠於公司，從某種意義上說，就是忠誠於自己的事業，就是以另一種方式為自己的事業做出貢獻。忠誠可以表現在很多方面，表現在工作積極主動，工作責任心強，可以細緻地體察老闆和主管的意圖。忠誠有一個非常重要的特徵——發自內心地付出，但是不求回報。

由下而上的忠誠，可以增強領導者的成就感和自信心，提升團體的競爭力，使公司充滿朝氣。因此，許多老闆在任用員工的時候，既要考察員工的工作能力，更重視員工的個人品格，個人品格最關鍵的一點是——忠誠度。一個忠誠的人，無論走到哪裡，都有鮮花和掌聲的歡迎。相反地，如果一個人缺乏忠誠，無論走到哪裡，都會被拒之門外。

遺憾的是，在如今這個社會，忠誠的人越來越少。許多公司花費大量資源對員工進行培訓，這些員工累積工作經驗以後，經常會離開公司，有些甚至會不辭而別。那些留在公司的員工，抱怨老闆沒有為他們提供良好的工作環境，將全部的責任推到老闆的身上。我們發現，在管理機制良好的公司，員工接受培訓以後就離開公司的現象也會經常發生。仔細分析發現，大多數情況下，員工離開公司並非老闆的過錯，而是員工對自身目標以及現狀缺乏正確的認識。他們不是過高地估計自身的實力，就是對那些向他們招手的公司抱持過高的期望。

這種風氣蔓延到商業領域的時候，許多具有忠誠度的員工也受到傳染而離開公司，使職業環境加速惡化。

經常換工作，就是缺乏忠誠度的具體表現，直接受到損害的是公司，但是從更深層的角度分析，對員工的傷害更大。這些人對自己的奮鬥目標沒有清晰地認識，對自己的內心需求沒有認真地思考，無法正確地選擇自己的發展方向。

著名銀行家克拉斯年輕的時候總是不斷地換工作，但是他始終有一個目標——將來管理一家銀行。在這個目標的指引下，他曾經做過交易所的員工、木料公司的統計員、會計、收帳員、折扣計算員、會計主任、出納員、收銀員，他試了一樣又一樣，最後終於實現自己的目標。

克拉斯說：「一個人可以有幾條不同的路徑，到達自己的目的地。如果可以在一家公司裡學到自己需要的一切當然很好，但是大多數情況下，必須經常變換自己的工作環境才可以學到。我認為，最重要的是：知道自己想要做什麼，為什麼要這樣做。」

克拉斯還說：「如果我換工作，只是為了比以前多賺一點，恐怕我現在已經找不到工作……我之所以換了這麼多工作，完全是因為當時的公司無法再給我更多的幫助。」

經常換工作，久而久之，就不會積極主動地克服困難，在一些冠冕堂皇的理由下逃避、退縮。這些冠冕堂皇的理由，無非是不符合自己的興趣，不被老闆重視，受人刁難，懷才不遇，總是希望到一家新公司以後，所有問題可以迎刃而解。

有些人失去成就事業最寶貴的敬業精神，變得心浮氣躁，凡事淺嘗輒止，遇見困難就退縮，空有遠大的夢想，無心執著的追求，這是一種不負責任的行為，也是個人的悲哀，社會的悲哀，國家的悲哀！

如果你是忠誠的，你就會成功

忠誠是一種美德，也是一種智慧。一位成功學家說：「如果你是忠誠的，你就會成功。」一個對公司忠誠的人，實際上不是只忠於公司，而是忠於自己的幸福。

非凡的品格，可以使你不再為自己的聲譽而擔憂。湯瑪斯·傑佛遜說：「成功之人，就是那些敢作敢當的人。」如果你相信自己的品格，確定自己是一個誠實可信、努力勤奮的人，內心就會產生非凡的勇氣，無懼別人對你的看法。

忠誠是一種品格，可以為我們帶來自我滿足感，以及敢作敢當的非凡勇氣，是隨時伴隨我們的精神力量。我們可以充分掌控自己，引導自己獲得名聲和財富，也可以完全放逐自己，使自己走向失敗的悲慘境地。如何掌控這一切，在於我們的品格特性。

忠誠是情緒的潤滑劑，忠誠的人沒有苦惱，不會因為情緒的波動而受到影響。忠誠堅守生命的航船，即使船就要沉沒，也會像英雄一樣，在激昂的歌聲中，隨著桅杆頂上的旗幟一起昂揚。

忠誠於自己的公司，忠誠於自己的老闆，與同事們同舟共濟，就會獲得一種團體的力量。具備忠誠，人生就會變得更豐富，事業就會變得更有意義，工作就會成為一種享受。相反地，那些表裡不一、言而無信的人，會陷入爾虞我詐的人際關係中，玩弄各種權術和陰謀，即使一時得逞，但終究不是長久之計，最終受到傷害的還是自己。

在一家公司中，普通員工需要盡職盡責；中層員工不僅要盡職盡責，還要積極主動；對於高級主管來說，最重要的是：對公司價值觀的認同，要有和公司一起發展的觀念，因此職位越高，對忠誠度的需求越高。忠誠度越高，職位就會被晉升得越高。

一個人是否忠誠，需要接受許多考驗。如何證明你是忠誠的？公司面臨危機之際，正是考驗員工忠誠度之時。一家公司不可能總是處在危機中，發展時期如何考驗員工的忠誠度？於是，聰明的老闆們想出一些製造危機的方法。

查理到某公司應徵部門經理，老闆說要有一個考察期，查理回答沒問題。但是沒想到，上班以後，他被安排到商店做推銷員。剛開始，查理無法接受這樣的安排，他是應徵部門經理，不是應徵推銷員，但是他還是堅持留下來。後來，他認識到，自己對這家公司不瞭解，對各項業務不熟悉，確實需要從基層做起，才有可能瞭解公司，熟悉業務。更何況，自己拿的是部門經理的薪水，有什麼理由不努力學習？

雖然實際情況與自己最初的預想有很大的差距，但是查理明白這是老闆對自己的考驗，他繼續堅持下去。三個月以後，他瞭解這家公司，熟悉各項業務，全面承擔部門的職責，並且利用這三個月學到的工作經驗，帶領團隊取得良好的業績。半年之後，公司部門經理調職，他獲得升遷；一年以後，公司總裁另有去處，他被晉升為總裁。談起這件事情的時候，他感慨地說：「當時，我被安排到那麼低的職位，心中確實有很多怨言。但是我知道，老闆是在考驗我的忠誠度，於是我堅持下去，最終贏得老闆的信任。」

在商業活動中，老闆承擔的風險最大。因此，許多老闆經常反覆測試員工的忠誠度，為公司出現危機的時候做好準備。你的老闆不斷測試你，正是看好你的表現；他考驗你的忠誠度，正是重視你的表現。

無論是發自內心的忠誠，還是接受老闆的測試，都是一種情感和行為的付出。開始付出忠誠的時候，很快會得到收穫。

享受之前必須付出，不能期望先獲得豐厚的報酬，再決定是否應該努力付出。牧師法蘭克・格蘭先生曾經說：「如果你忠於別人，可能會受到欺騙，但是如果你不忠誠，就會活得非常痛苦。」

有些人認為，坦誠相待會讓人窮困潦倒，虛情假意會讓人功成名就。也許確實有這樣的現象出現，但是畢竟是少數。虛情假意的人可能有別人沒有的長處，坦誠相待的人可能有別人沒有的缺陷。一個坦誠相待的人，會因為美德而獲得豐富的回報，也會因為缺陷給自己帶來相應的懲罰。

人們經常自以為是地認為，因為自己善良而誠實，才會遭受許多苦難。其實，完全不是這樣，只有摒棄自己的雜念，滌蕩心靈的汙跡，才會真正認識到，自己正在遭受的苦難，實際上是對美德的考驗，而非惡行的報應。只要可以承受考驗，就有柳暗花明的一天。

一定要記住：為別人加倍付出的時候，別人就會因此對你承擔義務。真誠對待你的老闆，你的老闆也會真誠對待你。

忠誠不是從一而終，而是一種職業的責任感，不是對某家公司或是某個人忠誠，而是對某個職業忠誠。忠誠是承擔某個責任或是從事某個職業而表現出來的敬業精神。

在其位謀其事，我們不應該經常換工作，表達對自己從事的工作高度的責任感，就是內心忠誠的流露。正是這種態度，才可以保持職業生涯的穩定性。

對於公司來說，忠誠可以帶來效益，增強凝聚力，提升競爭力，降低管理成本。因為忠誠，我們對未來更有信心，不必擔心平庸一生。

| 第六章 |

對待老闆：理解、感恩、學習

作為一個員工，應該注意自己的行為，從老闆的角度為老闆考慮，給老闆更多的同情和理解，或許這樣更可以贏得老闆的欣賞和重視。

你和老闆在同一艘船上

在經濟社會中，每個人都在追求個性解放，謀求個人利益。積極實現自我價值，是一件理所當然的事情。遺憾的是，很多人沒有意識到，實現自我價值與自己的工作、自己的公司、自己的老闆不是對立的，而是相輔相成、缺一不可的。許多人以玩世不恭的態度對待工作，覺得自己工作就是被榨取和剝削。這些人蔑視敬業精神，嘲諷忠誠，將其視為剝削員工的手段，愚弄員工的工具。他們認為自己之所以工作，只是迫於生計的需要，除此之外，沒有其他理由。

對於老闆而言，需要的是公司的生存和發展，以及忠誠而有能力的員工；對於員工而言，需要的是豐厚的報酬和內心的滿足。從表面上看，員工與老闆之間存在對立性，但是在更高的層面，兩者又是和諧統一的。老闆需要忠誠而有能力的員工為公司的生存和發展努力，員工必須依靠公司這個平台，才可以表現自己的忠誠，發揮自己的才華。

在利益的驅使下，每個老闆只願意留下自己認為最優秀的員工，也就是那些可以把信送給加西亞的人。同樣地，在利益的驅使下，每個員工都希望可以從老闆那裡得到更多的報酬，包括物質上的，也包括精神上的。所以，員工與老闆的利益是基本一致的，而且需要兩者全力以赴，才可以實現共同的利益。

許多公司的老闆在應徵員工的時候，除了考察員工的能力之外，還要考察員工的品格。缺乏優秀品格的員工不值得培養，因為他們無法把信送給加西亞。因此，我真誠地說：如果有一個人付給你薪水，讓你得以溫飽度日，你應該真誠地、負責地為他工作，而且應該稱讚他，感激他，支持他的立場。

或許你的老闆是一個心胸狹隘的人，不瞭解你的努力，不珍惜你的忠誠，不要因此產生反抗情緒，與老闆對立，對你來說，那樣沒有任何好處。不要在意老闆對你的評價，他們也是普通人，可能因為主觀意識而無法對你做出客觀評價。這個時候，你應該學會自我肯定，而不是自怨自艾。只要你已經竭盡所能，已經做到問心無愧，你的能力就會得到提升，你的經驗就會更豐富，你的心胸也會越來越開闊。

員工和老闆的關係，是建立在一種制度上。在一個管理制度健全的公司中，員工的加薪和升遷都是憑藉個人努力得來的。想要摧毀一個團體的士氣，最好的方法就是製造「只有玩弄手段，才可以獲得升遷」的氛圍。管理制度健全的公司升遷管道暢通，忠誠而有能力的員工有公平競爭的機會。這樣一來，員工才會覺得自己是公司的主人，才會覺得自己與老闆是生命共同體。

因此，員工與老闆是否對立，取決於員工的態度，也取決於老闆的做法。聰明的老闆會給員工公平的待遇，聰明的員工會以自己的忠誠換取豐厚的報酬。

牢騷和抱怨是一種公害

遭受挫折與不公平對待的時候，我們經常會採取消極對抗的態度。心裡有不滿，經常會引起牢騷，希望透過牢騷，獲得別人的關注與同情。這雖然是一種正常的自我保護行為，卻是許多老闆心中的痛。大多數老闆認為，牢騷和抱怨不僅惹是生非，而且容易造成組織內部彼此猜疑，打擊團隊士氣，是一種公害。

我曾經遇見一個有良好教育背景，而且才華橫溢的年輕人，但是他無法得到升遷。他不願意自我反省，養成一種吹毛求疵、抱怨批評的惡習。他無法自動自發地做任何事情，只有在被監督的情況下，才可以勉強完成工作。在他看來，工作就是老闆剝削員工的手段，愚弄員工的工具。他在思想上與公司對立，因而無法真正從公司受益。

我對他的勸告是：付出才會獲得。如果你選擇工作，就要熱愛你的公司，並且極為忠誠，如果你為公司而自豪，就會獲得一定的滿足感。如果你是一個員工，只要還沒有辭職，就是公司的一部分，不要誹謗它，不要傷害它。輕視自己的公司，就是輕視你自己。

無論是誰，無論做任何事情，都有可能遭受批評和誤解。從某種意義上說，批評是對那些偉大人物的考驗。傑出無須證明，證明自己傑出的最有力證據，就是可以容忍批評而不報復。在這一點上，林肯做到了，他知道每個生命都有其存在的理由。他讓那些輕視他的人意識到：如果輕視別人，必會自食其果。

如果你的公司陷入困境，你的老闆是一個守財奴，你可以走到他的面前，心平氣和地對他說：「你太吝嗇了」，然後指出他不合理的地方，告訴他應該如何改革，你甚至可以自告奮勇，幫助公司清除那些不為人知的弊端。

如果你有什麼不滿，不要滿腹牢騷，應該嘗試做一些事情。如果由於某種原因，讓你無法做到，請做出以下的選擇：堅持還是放棄。

每個地方都會發現許多失業者，與他們交談的時候，你會發現他們充滿抱怨和指責。吹毛求疵的性格，使他們搖擺不定，也使他們的發展道路越走越窄。如果你總是抱怨你的老闆是一個吝嗇鬼，表示你的想法非常狹隘；如果你總是抱怨公司的制度不健全，表示你也是一個想法不健全的人。

那些只會把時間花費在誹謗別人的人，沒有時間走向成功。我們的時間和精力是有限的，必須謹慎地選擇花費它們的方式。如果你決定以貶抑別人來提升自己，就會將許多時間和精力花費在搬弄是非上，可以利用的時間就會非常有限。如果你喜歡散布惡意傷人的內幕，就會失去別人對你的信任。

老闆更值得同情和理解

我曾經是一個員工，為老闆工作；我現在是一位老闆，許多員工為我工作。做員工的時候，總是認為老闆太苛刻，不體恤員工；現在做了老闆，卻覺得員工太懶惰，做事缺乏主動性。其實，什麼都沒有改變，改變的只是我的立場，以及我看待問題的方式。

「待人如己」是成功守則中的一個定律，意思是：多為別人著想，站在別人的立場上思考問題。你是一個員工的時候，應該考慮老闆的難處，多給老闆一些同情和理解；你是一位老闆的時候，應該考慮員工的利益，多給員工一些支持和鼓勵。

「待人如己」這個黃金定律，不僅是一種道德法則，還是一種前進的動力，推動整個境況的改善。嘗試「待人如己」，可以為老闆著想的時候，你的身上就會散發出一種善意，影響和感染包括老闆在內的你周圍的人，這種善意最終會回饋到你的身上。如果今天你從老闆那裡得到同情和理解，很有可能是以前你「待人如己」產生的連鎖反應。

為什麼你可以輕易地原諒一個陌生人的過失，卻對自己的老闆或主管耿耿於懷？其實，這個道理很簡單，你和老闆之間有不可避免的利益衝突。只要你與老闆的雇傭關係存在，這種利益衝突就會存在，老闆的行為與你的利益發生衝突的時候，對老闆所有的同情和理解都會化為烏有，在你的眼中，老闆就是你的敵人。

管理一家公司是一件複雜的事情，會面臨許多繁瑣的問題。來自客戶的壓力，來自公司的壓力，隨時都會影響老闆的情緒。老闆也是一個普通人，有自己的喜怒哀樂，有自己的一些缺陷。他可以成為一位老闆，不是因為他非常完美，而是因為他有某種別人不具備的天賦和才能。因此，我們應該用對待普通人的態度來對待自己的老闆，不僅如此，更應該同情那些努力經營一家公司的老闆，他們不會像普通員工一樣，因為下班的鈴聲而放下自己的工作，他們必須付出很多你看不見的努力。

有些人會將自己無法獲得升遷的原因歸咎於老闆不公平，認為老闆嫉賢妒能、任人唯親，不喜歡比自己聰明的員工。事實上，對於大多數老闆而言，再也沒有比缺乏適合的人才更讓他苦惱的，再也沒有比尋找適合的人才更讓他困擾的。

這些人之所以產生這樣的想法，是因為「以己度人」，但是這個「己」，是一個自私的、狹隘的自己，也就是「以小人之心，度君子之腹」。事實上，從每個員工第一天上班開始，老闆就會對員工進行考察。他會仔細衡量和分析這個員工的能力、品格、習慣（包括他對老闆的態度和評價），進而判斷他有沒有發展空間。一家公司可以逐漸成長，是老闆苦心經營的結果。在大多數情況下，老闆不會因為個人的偏見，毀掉自己苦心經營的事業。

因此，作為一個員工，應該注意自己的行為，從老闆的角度為老闆考慮，給老闆更多的同情和理解，或許這樣更可以贏得老闆的欣賞和重視。

也許你的老闆不接受你的好意，但是你依然要設身處地為老闆著想，因為同情和理解是一種美德，在你的老闆這裡沒有作用，不表示在所有老闆那裡沒有作用。也就是說，如果我們可以養成從老闆的立場考慮問題的習慣，就可以更同情和理解自己的老闆，也可以讓我們的內心得到更多的寬慰。

對老闆滿懷感恩之情

許多事業有成的人在談到自己成功經歷的時候，經常過分強調個人的努力。事實上，每個事業有成的人，或多或少地獲得別人的幫助和支持。制定成功的目標並且付諸行動之後，你會發現，在走向成功目標的過程中，會獲得許多意料之外的幫助和支持。應該隨時感謝這些幫助和支持你的人，感謝他們對你的眷顧。

作為一個人，我們感謝父母的養育之恩，感謝國家的栽培之恩，感謝師長的教誨之恩，感謝人們的眷顧之恩；沒有父母養育，沒有國家栽培，沒有師長教誨，沒有人們眷顧，我們如何存在於天地之間？所以，懂得感恩不僅是一種美德，更是一個人之所以為人的先決條件。

作為一個員工，雖然有老闆的提攜與幫助，但是自己不努力，沒有得到預期的報酬，於是不滿現實，滿腹委屈，整日憤憤不平。這樣的人，在家庭裡，難以成為合格的家長；在社會上，難以成為稱職的員工。

懂得感恩，是一種美好的道德表現。然而，許多人經常為一個陌生人的點滴幫助而感激不盡，卻無視朝夕相處的老闆的各種恩惠，將老闆所做的一切視為理所當然，視之為赤裸裸的商業交換，這是他們與老闆產生衝突的原因之一。確實，老闆與我們之間是一種雇傭和被雇傭的契約關係，但是在這種雇傭關係的背後，難道沒有一點同情和感恩之情嗎？員工和老闆之間並非是對立的，從利益的角度上說，是一種合作共贏的關係；從情感的角度上說，也含有一份恩情和友誼。

你是否曾經向你的老闆表達你的感激之情？寫一張字條，或是發一則簡訊，告訴他，你熱愛自己的工作，感謝他提供給你的機會。這種發自內心的感謝方式，一定會讓他注意到你，甚至可能因此提拔你。情緒是會傳染的，老闆也會以具體的方式來表達他的謝意，感謝你為他提供的幫助。

不要忘記感謝你周圍的人，包括你的老闆和你的同事，因為他們曾經幫助和支持你。勇於說出你的感謝之情，讓他們知道你感激他們的幫助和支持。記住，一定要表達出來，而且要經常說！這樣可以增強公司的凝聚力，可以增強團隊的士氣。

如果你是一個推銷員，遭到拒絕的時候，不要忙於沮喪，應該感謝顧客耐心聽完你的解說，才有下一次購買的機會。如果你是一個公司員工，被老闆批評的時候，不要忙於辯解，應該感謝他給予的教誨。感恩別人不需要花費一分錢，卻是一項重大的投資，對於未來有很大的幫助！

感恩應該是真誠的表達，應該是發自內心的感激，不是為了某種目的，迎合別人而表現出來的阿諛奉承。感恩與阿諛奉承不同，感恩是情感的自然流露，是不求回報的謝意。有些人從內心深處感激自己的老闆，但是由於懼怕流言蜚語，將感激之情隱藏於內心，甚至刻意地與老闆保持距離，以表示自己的清高與清白。這種想法和做法是何等幼稚。如果我們可以從內心深處意識到，因為老闆的努力，公司才有今天的發展，因為老闆的教誨，我們才有今天的進步，如果你真心實意地想要表達，怎麼會在乎別人的流言蜚語？

對於個人來說，感恩是人生的一筆財富。它是一種深刻的內心感受，可以提升個人的魅力，可以開啟力量之門，可以發掘出無窮的智慧。感恩是一種生活習慣，也是一種生活態度。

經常懷有感恩之情，就會變得更謙和、更可敬、更高尚。每天利用幾分鐘的時間，為自己可以成為公司的員工而感恩，為自己可以遇到睿智的老闆而感恩。記住，萬事萬物都是相對的，無論你曾經遭遇多麼惡劣的境況，感恩會改變一切。

「我很感激你」、「真的謝謝你」，這些話應該經常掛在你的嘴邊。以特別的方式表達你的感激之情，以最大的努力付出你的時間和精力。感恩你的老闆，比任何物質的禮物更可貴。

即將辭職的時候，也要滿懷感激之情。在辭職之前，仔細思考一下，自己曾經從事的工作，學到多少寶貴的經驗，累積多少珍貴的資源。那些失敗的沮喪，自我成長的喜悅，嚴厲的老闆教誨，熱心的同事幫助，值得感謝的客戶……這些都是人生中最寶貴的財富。如果你可以每天帶著感恩的心去做事，心情一定是愉快而積極的。

由衷地欣賞和讚美你的老闆

任何人的身上，都可能擁有你欣賞的人格特質。每個人都是複雜的綜合體，融合正反兩個方面的感情、情緒、思想。你對別人的想像，經常奠基於自己對別人的期望上。

如果你認為某人很好，就會在他的身上發現許多優點；如果你認為某人很壞，就會在他的身上發現許多缺點。也就是說，只有擁有積極的心態，才可以發現別人積極的一面。不斷提升自己的同時，不要忘記培養欣賞和讚美別人的習慣，只有認識和發掘別人身上優秀的特質，才可以讓所有事情順利進行。

找出別人的缺點很容易，但是只有在別人的身上發現許多優秀的品格，並且由衷地欣賞和讚美的時候，才可以獲得真正的提升。

面對自己的老闆，我們很難欣賞和讚美他們，因為老闆作為公司的管理者，經常對我們的許多做法提出批評，經常否定我們的許多想法，這些都會影響我們對他做出客觀的評價。但是你要知道，老闆之所以成為我們的老闆，一定有許多我們不具備的特質，這些特質足以讓你欣賞和讚美。

每個人都有嫉妒心，嫉妒之人無法面對那些比自己優秀的人。這一點，正是阻擋我們邁向成功的絆腳石。如果你可以發自內心地欣賞和讚美自己的老闆，公司得到長足發展的時候，就會對你有所回報。是你的欣賞和讚美，為你帶來豐厚的回報。如果你仔細觀察，就會發現許多意想不到的機會都是來自於你對別人的欣賞和讚美。你在別人最需要的時候，給予精神上的支持，這比什麼都重要。

也許你的老闆不比你高明，但只要他是你的老闆，你就要服從他的安排，努力發現他身上優越於你的地方，尊敬他，欣賞他，並且向他學習。如果我們抱持這樣的心態，即使與老闆之間有許多誤解，也會逐漸消除。你會發現，你和老闆也可以建立一種近似友誼的關係。

在職的時候，要欣賞和讚美老闆，離職以後，也要欣賞和讚美老闆。一位曾經聘用數以百計員工的老闆，曾經向我談起自己的面試心得：「面試的時候，最可以表現出一個人思想是否成熟，心胸是否寬廣，就是看他對剛離開的那份工作是怎樣評價的。前來應徵的人，如果只是對我說之前老闆的壞話，對他惡意中傷，無論如何，我也不會留下這種人。」

停頓了一下，他繼續說：「也許有些人確實是因為無法忍受老闆的壓迫而離職，但是聰明的做法應該是：不要談論那些不愉快的事情，更不要因為自己遭受的不公平對待而耿耿於懷。如果他可以對之前的老闆流露出感激之情，我會非常欣賞他。」

許多求職者喜歡批評之前的工作，以為指責之前的公司和老闆可以提高自己的身價，這種做法看似聰明，實則愚蠢透頂，其中道理不難理解。

所有的公司都希望員工保持絕對的忠誠，所有的老闆都希望可以吸引忠誠的員工。那些過河拆橋的人，那些說三道四的人，將會被公司和老闆拒之門外。如果為了謀取一份新工作，將之前的老闆批評得一無是處，誰可以保證以後不會將現在的老闆批評得體無完膚？

只是對以前任職的公司做出一些無傷大雅的評價，這未嘗不可，如果這種評價帶有明顯的個人色彩，就會變成一種不負責任的人身攻擊，進而引起現在老闆的反感。此外，許多公司在應徵一些重要職位的時候，經常會透過各種管道來瞭解應徵者在之前公司的表現，如果你是一個喜歡說三道四的人，情況就不妙了。

這種「說以前老闆好話」的原則，不僅適用於職場，也適用於生活的其他方面。我認識一個四十歲的中年男子，在最近的一次公司改組中被解雇。被解雇之後，他總是說自己對公司是多麼重要，最後卻被嫉賢妒能的人陷害。他第一次說的時候，我信以為真；他第二次說的時候，我有些懷疑。在他不斷地重複以後，使我越來越相信，他被解雇是咎由自取的結果。時至今日，他依然處於失業之中。我想，如果他無法察覺自己的問題，不改變自己的觀念，無法欣賞和讚美別人的優點，失業的日子將會伴隨他很長時間。

一位好老闆，會讓你受用無窮

一位好老闆，會讓你受用無窮。聰明的你，應該向他學習。

我曾經有一位很好的老闆，他告訴我許多做事的技巧，也教導我許多做人的道理，對此我十分感激。後來我升職了，擔任更重要的職務，就是得益於這位老闆的教誨。然而，老闆對我越來越重視，引起其他人的嫉妒，攻擊我的流言蜚語接續而來。我不可能不在意這些評論，它們就像壓在我身上的沉重包袱。

我曾經為別人的不實批評而煩惱，但是冷靜下來，仔細思考一番，突然覺得沒有什麼好擔憂的。模仿是學習的一種，每個人從模仿中學到的比從其他方式學到的更多。我們從小到大，都在不斷地觀察別人，然後模仿別人的言行舉止。我們的處世哲學，也是從那些對自己有影響的人，例如：父親、老師、老闆那裡學來的。如此看來，模仿有什麼錯？向老闆學習，不是因為他是老闆，而是因為他更優秀。我要為自己可以遇到一位好老闆而慶幸。

記得四年以前，我的兩個學生來找我，諮詢大學畢業以後的就業問題。他們都是很聰明的年輕人，讀書的時候，成績十分優異，興趣和愛好也非常相同。對於他們而言，有許多工作機會可以選擇。當時，我的一個朋友創辦一家小型的公司，委託我尋找一個適合做助理的人，於是我建議他們可以去試試看。

第一個去應徵的學生名叫吉米，面談結束以後，他打電話給我，用一種十分厭惡的口氣對我說：「你的朋友太苛刻了，他竟然只給月薪400美元，我當場拒絕他。現在，我已經在另一家公司上班，月薪600美元。」聽了以後，我無話可說。

第二個去應徵的學生名叫唐克，儘管我的朋友開出的薪水也是400美元，儘管他也有更多賺錢的機會，但是他卻欣然接受這份工作。他將這個決定告訴我的時候，我不解地問：「如此低的薪水，你不覺得太吃虧了嗎？」

他平靜地說：「我想要賺更多的錢，但是我對你的朋友非常感興趣。我覺得，只要可以從他那裡多學一些本領，薪水低一些也是值得的。從長遠的眼光來看，我在那裡工作，將會很有前途。」

這已經是四年以前的事情。吉米在另一家公司的薪水是年薪7,200美元，現在他只能拿到年薪8,750美元，最初年薪只拿4,800美元的唐克，現在的年薪是20,000美元，外加各種紅利。

許多年輕人在選擇工作的時候，都會問：「月薪多少」、「工作時間長嗎」、「有什麼福利」、「有多少假期」、「什麼時候加薪」，我經常為他們選擇工作如此盲目而感到驚訝。

90%以上的人都忽略一項重要的因素，那就是：我要選擇什麼人，成為我前進的導師？

在職場中也是如此，如果你發現你的老闆無法給你更多的東西，就要毅然決然地離開。在其他方面也是這樣，無論你想要成為一個偉大的作家，還是想要成為一個成功的演員，都要遵循同樣的原則。我們無權選擇自己的父母是誰，但是有權選擇自己的老闆是誰。

與什麼樣的人接觸，對個人的成長影響很大。長久地生活在低俗的圈子裡的人，無論是道德上還是品味上，都會透露出低俗的氣味。所以，我們應該努力地接觸那些道德高尚、學識不凡的人，遠離那些道德惡劣、品味低下的人。

每個人的心目中，都有自己崇拜的偶像。我們崇拜和學習那些距離我們遙遠的偶像，卻經常忽略近在身邊的智者，這一點在職場中表現得特別明顯。也許是由於利益的衝突，也許是出於嫉妒的緣故，我們總是忽視那些每天都在督促我們努力工作的老闆，其實他們才是最值得我們學習的人。他們可以成為老闆，必然有我們不具備的長處。我們應該隨時研究老闆的言行舉止，學習作為老闆應該具備的知識和經驗。只有這樣，我們才有可能獲得升遷，才有可能在獨立創業的時候做得更好。

一個聰明的人，應該不惜任何代價，為傑出的成功人士工作，目的是為了可以多向他們學習。所以，我們應該隨時觀察老闆處理事情的方法，就會發現他們與一般人的不同之處。如果你可以做得和老闆一樣好，甚至做得更好，就有機會獲得更多。

什麼是成功人士？成功人士不是那些有錢人，而是那些在品格、學問、道德方面表現優秀的人。與成功人士的接觸中，可以吸收到許多對自己前途有益的養分，可以讓自己的事業更上一層樓。

如果你總是與那些品格和道德在你之下的人在一起，就會降低你的品格和道德。思維與思維之間，心靈與心靈之間，有一股巨大的感應力量，這種感應力量雖然無法測量，然而其刺激力、破壞力、建設力非常震撼。

如果錯過一個與可以給我們教益的人接觸的機會，實在是一種不幸。只有透過與成功人士接觸，才可以發現自己的缺點。向一個可以激發我們潛能的人學習，其價值勝於一次發財獲利的機會。向老闆學習，會使我們的力量不斷加強。

生活中，除了自己的家人之外，老闆是與我們接觸最多的人，也是我們每天要面對的人，如果你承認老闆的優秀，就不要錯過向老闆學習的機會。

像老闆一樣思考和做事

只要你還是公司的員工，就要拋開任何藉口，把自己的忠誠和責任全部投入進去。如果你可以將全部的身心投入公司，盡職盡責，盡心盡力，為公司著想，對你的老闆充滿欣賞和讚美，給他們更多的同情和理解，任何一個老闆就會視你為核心員工，成為他的得力助手。

一個人應該同時從事兩件工作：一件是目前從事的工作，另一件是自己想要做的工作。如果你可以把現在的工作做得和想要做的工作一樣，就會有很大的成就，因為你在為自己的未來做準備，正在學習一些可以超越自我的本領，在研究成為老闆的技巧。等到時機成熟之時，一切已經不在話下。

對某個領域非常熟悉，或是精通某個技術，或是在某個職位做得非常出色之時，不要陶醉於一時的成就，要仔細思考未來，思考現在做的事情有沒有改進的餘地？這些思考可以使你在未來取得更長足的進步。儘管有些問題屬於老闆思考的範疇，但是如果你思考了，表示你已經擁有成為老闆的意識。

換一個角度來說，如果你是老闆，你對自己今天做的工作完全滿意嗎？不必在意別人對你的看法，應該在意你對自己的看法。回顧一天的工作，請你捫心自問：「我是否付出全部的精力和智慧，投入到工作中？」

假如你是老闆，一定會希望你的員工可以和自己一樣，把公司的事情當作自己的事情，每天都會更努力、更勤奮、更積極主動。因此，你的老闆向你提出一些要求的時候，請不要拒絕他，如果是你也會那樣做，不是嗎？

以老闆的心態去做事，就會成為一個值得信任的人，一個老闆願意雇用的人，一個可能成為老闆得力助手的人。更重要的是，因為你知道自己全力以赴投入工作的原因，完成一個自己設定的目標以後，可以心安理得地沉穩入眠。

一個可以把公司視為己有並且盡職盡責完成工作的人，最終可以擁有自己的事業。一些管理制度健全的公司，正在創造機會，使員工成為公司的股東。因為老闆們發現，員工成為公司的所有者，就會表現得更忠誠，更具創造力，也會更積極。有一個永恆不變的真理：像老闆一樣思考的時候，你實際上已經是老闆了。

如果你可以為公司節省成本，公司一定會按照比例給你回報。這份回報不是今天，也不是下個星期，甚至明年才會兌現。但是請你相信，不管它以何種形式出現，它一定會到來。將公司的資產像愛護自己的資產一樣愛護，你的老闆和你的同事都會看在眼裡，你的付出與你的回報一定會成正比。美國自由企業體制就是建立在這樣的前提下，即：每個人的付出與收穫是成正比的。

然而，在今天這種高度競爭的經濟環境下，你可能感慨自己的付出與獲得的報酬不成正比，有時候甚至成反比。其實，關鍵還是改變你的思路。感覺自己付出很多卻無法得到老闆賞識的時候，請你一定要記住：你是在為自己的公司做事，你生產出來的產品就是你自己。

假設你是老闆，想想你自己這樣的人，是你自己喜歡雇用的員工嗎？你正在考慮解決問題的方法，或是正在思考如何逃避工作的時候，請你問自己：如果這是我自己的公司，我會怎麼做？你的行為與你作為員工的時候的行為完全相同之時，你已經掌握處理更重要事物的能力，你很快就會成為一位老闆。

| 第七章 |

對待自己：誠實、自信、樂觀

你要成為什麼樣的人，完全掌握在你的手中。你的思想可以作為武器，把自己炸得粉身碎骨；也可以作為利器，披荊斬棘，開創一片嶄新的天地。

誠實是衡量品格的一把尺

回顧自己的行為，覺得自己是否是一個誠實可信的人？如果不是，應該仔細思考，為什麼自己會做出一些不誠實的行為？這麼做對嗎？如果自己可以做到坦誠待人，會有什麼樣的結果出現？你要從錯誤中學習，並且說服自己成為一個誠實可信之人。

俗話說：「民無信不立。」良好的信譽，可以為自己的生活和事業帶來意想不到的驚喜。誠實守信是形成強大親和力的基礎，誠實守信會使別人產生與你交往的願望，在某種程度上，誠實守信可以消除與人交往的障礙，使困境變成坦途。

以誠相待，是人與人交往要遵循的一個原則。與人交往中的大多數衝突，都可以用誠信的方法解決。只有待人真誠，才可以將潛在的衝突化解於無形之中，贏得良好的聲譽，獲得別人的信任。

為了獲得什麼而誠實，不算是真正的誠實。誠實是沒有等級、不分程度的，誠實就是絕對的誠實。無論如何，誠實不能用來交換，擁有誠實的品格，本身就是一種獎勵，它是良好的品格中不可或缺的一種。誠實的人不會說謊，無須擔憂會被揭穿，因此可以集中精力去做事。

一個謊言總是需要另一個謊言來掩飾，這樣一來，謊言就會越來越多。所以，永遠不要說謊，只有這樣，才會內心坦蕩，高枕無憂。

每個人都喜歡和誠實守信的人交往共事！也許你無法讓所有人喜歡你，但是可以讓大多數人信任你。內心坦蕩的人，具有寬容博大的胸懷，他們的周圍總是充滿歡聲笑語；內心坦蕩的人，會養成自律自愛的習慣，他們的周圍總是充滿寧靜祥和。

這是發生在一個年輕人身上的真實故事。這個年輕人是我的客戶，前來向我諮詢。剛開始的時候，他總是抱怨自己在公司不被重視，抱怨公司的規定過於守舊，薪資調整和職務升遷論資排輩，因此他的心裡有一種強烈的挫折感，準備離開那家公司。於是，我對他講述羅文把信送給加西亞的故事，他認真聽完我的講述，然後陷入沉思之中。

沉思過後，他說：「我懂了！我不被老闆重視，不是我沒有才華，也不是我不善於溝通，而是缺乏讓老闆信任的品格，因為老闆不認為我是可以獨自把信送給加西亞的人。」

聽完我的講述，他開始思考自己的問題，例如：他喜歡表現自己，總是口無遮攔，逞口舌之快，做事草率，經常有始無終……他針對這些問題進行改正和調整，從此以後，隨著工作態度的轉變，他的工作業績逐漸提升，並且很快得到老闆的信任，認為他是一個可以信任的員工。

伊莉莎白是一家大型公司的資深人事主管，談到員工的錄用與升遷方面的情況，她說：「我不知道其他公司在錄用及升遷方面的標準是什麼，但是我很清楚我們在這個方面的標準，我們公司非常重視應徵者對金錢的態度。如果應徵者在金錢方面有不良的記錄，我們公司就不會雇用。我知道，很多公司也跟我們一樣，非常重視一個人的品格，並且以此作為錄用與升遷的標準。如果一個人的品格有汙點，即使他工作經驗豐富，我們也不會雇用。這樣做的理由基於四點：

第一，我們認為，一個人除了對家庭要有責任感之外，對他的老闆也應該誠實守信。如果一個人在金錢上不講信用，表示他在品格上是有缺陷的。但是，如今很多年輕人卻不以為然。他們認為銀行非常有錢，即使自己不償還債務也沒有關係；他們認為每家商店都有數百萬的資金，即使自己買東西不付錢也沒有關係。但是，買東西必須付錢，欠債必須還錢，這是理所當然的事情。在金錢上不誠實，這跟小偷有什麼區別？

第二，如果一個人在金錢上不講信用，對任何事情也不會講信用。

第三，一個沒有誠意信守諾言的人，在工作職位上也會怠忽職守。

第四，一個無法處理自己財務問題的人，我們不會雇用。因為頻繁的財務問題，容易導致一個人挪用公款或是偷竊。在金錢方面有不良記錄的人，犯罪率比一般人高出許多。在對待金錢方面，必須誠實不欺，這一點也適用於我們的為人處世。」

伊莉莎白所說的用人標準證明：誠實是衡量品格的一把尺。這把尺，無論古今中外，適用於所有人。

任何工作，沒有貴賤之分，沒有難易之分。誠實守信的人，可以欣然接受任何工作，向別人證明自己是值得信任的人。誠實守信的人，一定會得到錄用與升遷。

行為是思想綻放出來的花朵

誰是你最大的敵人？誰讓你意志消沉？你自己就是你最大的敵人，除了你自己，沒有人可以使你意志消沉。許多人都有這樣的經驗：無論做什麼事情，結果都可能不盡如人意。發生問題，會找出許多藉口，不斷地抱怨別人。但是，你有沒有從自身尋找原因，也許發生問題的最大原因是你自己。

具備必要的才能，擁有良好的品格，可以正確地認識自己，心靈就會變得成熟，就會欣喜地發現你是自己最大的支持者。你可以確定一個長遠的目標，並且著手培養自己的能力，修正自己的錯誤。你開始行動的時候，就會瞭解到真正支持你不斷前進的人，正是你自己。

一個人內心的想法，可以透過其行為反映出來，所有的這些彙集在一起，就形成其獨特而豐富的人格。

沒有種子的發芽，就沒有禾苗的茁壯成長。人們外在的言行舉止，都是由內心隱藏的思想種子萌芽而來。無論是自然的行為，還是刻意的行為，都是源於內心的思想，這一點毋庸置疑。

如果行為是思想綻放出來的花朵，快樂與痛苦就可以看作是思想結出的果實。因此，收穫快樂還是痛苦的果實，全部取決於你的思想。一個人的思想，表現一個人的個性，一念之間往往決定一生的命運。一個人的思想不正，猶如車輪一樣輾過，歪念叢生，痛苦就會接踵而至；一個人心誠意正，快樂就會如影相隨，永遠相伴。

人類是自然造化的產物，如同萬物因果循環一樣，人類的思想也包含種因得果的道理。

高尚人格的形成，不是憑藉個人的愛好和機會，而是純正思想發展的自然結果，是長期心存正念的表現。同樣的道理，卑鄙的人格是憑藉個人的愛好和機會，是心懷不軌形成的結果。

有一個窮困潦倒的人，想要使自己糟糕的處境有所改變，然而在工作上總是敷衍了事。這樣的人不懂得怎樣改變自己的處境，他的懶惰與自欺欺人的想法，不僅使他無法擺脫貧窮，還會使他深陷於更糟糕的處境。

這說明，許多人沒有意識到發生問題的根本原因，但是自身的思想問題，確實是造成所處困境的重要原因。有些人希望實現美好的人生目標，卻不斷抱怨自身的處境，把所有原因歸咎於別人，為自己找藉口。只有真正懂得思想的巨大作用，改變處境就不會是望洋興歎的事情。

你會發現，如果改變對工作的態度，所處的困境也會隨之改變。增強自己的信念，豐富自己的知識，讓自己置身於更有挑戰性的思維中，就可以獲得更多的機會。你要記住，所有事情都要努力去做，不要以為可以不勞而獲，將所有的便宜佔盡。如果不努力，即使取得成功，也必定是短暫的，很快就會失去。

如同我們必須先掌握一門課程，才可以學習下一門課程，擁有你夢寐以求的豐碩成果之前，必須先充分發揮你的聰明才智，因為如果忽略或低估你的能力，即使你的能力再強，也不會有任何作為，因為你不配擁有這樣的能力，你的行為已經證明這一點。

讓自己的思想回爐

有一個工人，他的名字叫凱斯特，他的生活雖然勉強過得去，但是距離自己的理想生活還很遠。有一天，他聽說底特律一家維修公司正在應徵工人，他決定去試試看，希望可以換一份待遇更好的工作。

面試時間是在星期一，凱斯特在星期日的下午就到達底特律。吃過晚飯，他獨自坐在旅館的房間中，不知道為什麼，他把自己經歷過的事情想了一遍。突然之間，他感到一種莫名的煩躁：自己並非一個智力低下的人，為什麼會落到這步田地？

凱斯特拿出筆，鋪開一張紙，寫下四位自己認識多年、薪水比自己高、工作比自己好的朋友的名字。其中兩位是他以前的老闆，另外兩位曾經是他的鄰居，現在已經搬到高級住宅區。他捫心自問：和這四個人相比，除了工作比他們差以外，自己還有什麼地方比他們差？聰明才智？說實話，在這個方面，自己不比他們差，甚至比他們高出許多。

經過長時間的思考和追問，凱斯特悟出其中的緣由。他的失敗在於自己的性格，在於自己的心態，在於自己的情緒。他不得不承認，在這些方面，他比他們差上許多。

想明白這些的時候，已經是凌晨三點，但是他的頭腦卻異常地清醒。他非常興奮，覺得自己第一次看清自己：無法控制自己的情緒，做事容易衝動，失敗以後無比自卑，或是抱怨命運的不公平。

那個晚上，他沒有任何睡意。他發現自己以前是一個缺乏自信、不思進取、得過且過、妄自菲薄的人。他從來不認為自己可以改變自己的性格，它們是與生俱來的，難道真的是這樣嗎？

他下定決心，從此以後，不再看不起自己，不再自貶身價。他決定改變自己的性格，控制自己的情緒，改正自己的缺點。

第二天早晨，他滿懷信心地去面試，順利地被那家公司錄取。他知道，自己可以得到那份工作，與前一晚的沉思和醒悟有很大的關係。透過思考，他充滿自信，充滿對未來的嚮往。

他在那家公司努力工作兩年，逐漸建立良好的名聲，同事們覺得他是一個機智、主動、樂觀、熱情的人。即使在他最不順利的時候，他的情緒也可以承受住考驗。即使在經濟不景氣的時候，他也是同行業中少數可以做成生意的人。公司進行調整的時候，分給他可觀的股份，他的薪水也隨之提升。

我們從凱斯特的身上可以看到，想要有新的突破，就要改變自己的性格，控制自己的情緒，改正自己的缺點。只有這樣，讓自己的思想回爐，才可以在事業中不斷前進，實現自己的夢想。

你要成為什麼樣的人，完全掌握在你的手中。你的思想可以作為武器，把自己炸得粉身碎骨；也可以作為利器，披荊斬棘，開創一片嶄新的天地。

只要選擇正確的思想並且堅持地執行，就可以到達自己設想的境地。如果你的頭腦中都是邪思歪念，只會淪落到可悲的境地。在這兩種境地之間，存在許多個性的人，每個人都是自己思想的創造者與主宰者。

作為思想的主人，你擁有無限的智慧和力量。掌握自己的思想，就是掌握一把可以應對任何處境的鑰匙。這把鑰匙有一種可以蛻變和再生的裝置，並且藉此可以實現心中的願望。

擁有強大的內心、堅定的思想，即使處於十分悲慘的境地，仍然可以主宰自己。相反地，如果內心脆弱、思想拙劣，就會無法正確地支配自己的行為，最終走進淒慘的境地。如果這個時候，你可以改變自己的性格，控制自己的情緒，改正自己的缺點，並且努力尋找為人處世的道理，就可以脫胎換骨，成為有能力、有思想、有信譽的人。

只有察覺到自己的思想存在的問題，才可以想盡辦法改變自己，做自己思想的主宰，這需要專注地思考、客觀地分析。

許多人想要改善自己所處的環境，但是從來沒有想過自己的思想是否有問題，於是他們越努力，境況越糟糕。那些勇於接受命運考驗的人，總是做好思想準備。即使只有一個目標，也要付出很多。更何況，我們的目標不只是這些，又要付出多大的犧牲？

換工作、換老闆，不如換心態

每份工作都會讓你學到一些寶貴的經驗，它們是你的成長過程中最重要的資源。因此，苦悶難當、萌生退意、準備換工作的時候，可以先轉換自己的態度，以全新的角度，審視自己的公司、自己的工作、自己的老闆，或許就會打消換工作的想法。

每次換工作，是否為你帶來正面的效應，是否對你的價值提升有所幫助，不只是表現在薪水的提升上，這些是你換工作之前必須思考的問題。遺憾的是，許多人盲目地跟隨潮流，只看到新工作、新公司、新老闆，沒有考慮自己的工作態度。如果你草率地放棄原本熟悉的工作，來到一個你完全陌生的環境，很有可能會陷入進退維谷的處境中。

許多人在事業不如意的時候，不會找出自己的問題，總是期待環境或是別人可以根據自己的意願而改變。如果自己的期望落空，失望與沮喪就會湧上心頭，自己的情緒就會跌入低谷，進而產生換工作的想法。對此，我的看法是：換工作之前，先自我反省，也許你會發現，轉換對工作的態度與認知，才是解決問題的有效方法。

研究人員發現，換工作的想法有以下幾種原因，看看自己屬於哪一種情況，並且對症下藥，消除不良心態。

（1）**薪水太低**。你的薪水和你的付出成正比，如果你全心全意地付出，盡心盡力地做事，你的老闆或主管絕對不會視而不見。此外，你工作所得的回報，除了有形的貨幣以外，還有一些隱形的收入，例如：獲得良好的人際關係，能力和技術得到提升，獲得豐富的工作經驗。這些隱形的收入，價值是不可估量的。

（2）**懷才不遇**。你的專長是否得到發揮？在現在的公司，還有沒有發展空間？對於這些問題，不僅要認真思考，必要的時候還要和老闆溝通。俗話說得好：「天生我才必有用」，想要發揮自己的專長，就要和老闆溝通，讓老闆真正地瞭解你。不要做有才華的窮人，整日哭喪著臉，總是有懷才不遇的感歎。用心做好每件事情，才會有更多發展的機會。

（3）**不被理解**。你是否覺得經常不被理解？仔細想想，這種分歧多半並非老闆的原因，可能是你固執己見的結果，也可能是你沒有充分表達自己的想法。如果你可以站在老闆的角度，全面地思考公司的發展問題，也許視野會變得更開闊，看到的問題會更客觀。如果這樣還是無法說服你，試著去適應公司的發展規劃，適應公司的文化和老闆的行事風格。選擇一個好時間，把自己的想法說出來，也許老闆不像你想像的那麼固執。

（4）**工時過長**。如果你覺得自己工作的時間太長，可以先問自己是工作效率太低，還是業務量太多？如果是工作效率太低，正確的工作態度是努力提升自己的能力，更投入地學習和自我提升。如果是業務量太多，應該主動地尋求老闆的支持，最好可以提出具體的解決方案，而不是逃避和抱怨。

（5）**心中不滿**。如果你總是覺得心裡不舒服，思考一下，是自己太褊狹，還是公司的氛圍太差？如果你無法從心理上解決問題，到任何公司都不會有好結果。你和老闆或同事之間關係緊張的時候，不要總是站在自己的角度去思考問題。換一個角度去思考問題，就可以看到另一片天空，用自己的寬容和幽默來改善工作氣氛吧！

（6）訓練不足。如果你總是覺得自己無法得到更多的鍛鍊，多半是你的問題。每個工作都有挑戰性，關鍵在於：你是否擅於發現。在工作中是否可以獲得升遷，培訓和教育十分重要，但是這往往取決於你的態度。當然，一個優秀的老闆，一群和睦的同事，可能會比死板的教育訓練更讓你感到舒服。

（7）升遷不暢。如果你總是覺得沒有前途，看不見升遷的希望，問題到底出在哪裡？最近公司有沒有人獲得升遷？如果有，你就要思考一下，是老闆任人唯親，還是你的能力不足？不要胡思亂想，先入為主地認為別人的升遷是依靠關係得來的，努力去發現那些自己不具備的優秀品格和卓越能力，並且改正自己的問題。

（8）交通不便。如果你覺得交通是自己工作不順暢的最大問題，難道你不可以提早起床嗎？不可以改變晚睡的習慣嗎？早起的鳥兒有蟲吃，只有勤勞才會有收穫，這是一個最基本的成功法則。每個人都有惰性，但是這不應該是你懶惰的理由，你應該改變那些錯誤的觀念，讓自己變得更勤奮。一個不斷奮進的人，應該以工作為中心來改變居住的地點，而不是以自己的居住地為中心來尋找工作。

（9）前景不樂觀。如果你覺得自己在這家公司裡，前景很不樂觀，是基於什麼樣的原因？經濟成長的時候，有賠錢的公司；經濟衰退的時候，有賺錢的公司。公司的好壞，難道跟你沒有任何關係嗎？你也是公司的一份子，不是嗎？更何況，公司或是行業的前景，需要專業而冷靜的判斷，不應該被當作逃避責任和壓力的藉口。經濟衰退、公司業績不佳的時候，最可以表現員工的能力和忠誠，你是那個員工嗎？

（10）**不被肯定**。如果你總是覺得不被肯定，這種感覺讓你非常難受，你有沒有想過，自己為什麼不被肯定？是自己懷才不遇，還是你高估自己的能力？孤芳自賞，只會讓你在職場中越來越孤獨。多和老闆討論自己的想法，盡量參加一些重大項目，也許可以從不被肯定到被肯定。

與其抱怨，不如尋求改變

也許你無依無靠地在異鄉生活，沒有親戚和朋友，貧困像枷鎖一樣困擾你，孤獨像蛀蟲一樣啃咬你。你急切地希望可以找到一絲溫暖，急於走上小康之路。然而，你彷彿陷入黑暗的深淵，你的眼前越來越黑，你的前途越來越無望。於是，你不停地抱怨，抱怨父母不夠富有，抱怨老闆不夠仁慈，抱怨上蒼為何對你如此不公平，讓你遭受貧困的折磨，卻賜予別人富足；讓你遭受孤獨的摧殘，別人卻親朋滿堂。

不要再抱怨了，讓煩躁的心情平靜下來吧！你抱怨的那些，都不是導致你貧困的原因，你貧困的根本原因出在你的身上。你抱怨的後果，只是徒增煩惱，只是雪上加霜。

抱怨是心靈的殺手，整日抱怨的人在世界上沒有立足之地。一個人如果沒有良好的心態，如同用鏈條捆綁自己，掉下無底的深淵，在黑暗之中孤苦潦倒。

仔細觀察任何一個管理健全的企業，你會發現，最成功的人往往是那些積極進取、樂觀向上、可以適時給別人鼓勵和讚美的人。沒有人會因為消極負面的心態而獲得升遷和獎勵。那些獲得升遷的人，經常會鼓勵別人像自己一樣積極進取、樂觀向上。遺憾的是，有些人無法體會這種用意，把訴苦和抱怨視為一種常態，有人不訴苦、不抱怨，反而認為是不正常。

如果一家公司到處都是流言蜚語，勢必會影響公司的凝聚力。與其整日抱怨公司和老闆，不如努力欣賞公司和老闆的優點。

只要你這樣做，就會發現你的處境有所改變。

如果你不知道自己想要什麼，就不要抱怨老闆沒有給你機會。那些喜歡抱怨的人，自己失去把握機會的時機，失敗以後又不斷地找藉口。真正的成功者，不會為自己尋找藉口，因為他們可以為自己的行為負責，也可以享受自己努力而得到的成果。

整日抱怨的人，終其一生不會有真正的成就。真正的成就，往往是在克服困難的過程中產生，克服困難的過程會激發我們的勇氣，培養堅毅的性格和高尚的品格。

如果你住在一間簡陋的破屋裡，希望可以住進寬敞明亮的房子，你首先應該做的，就是努力將這間破屋變成一間乾淨整潔的小屋，讓你的樂觀心情充滿這間小屋。

思考一下，你喜歡哪一種工作夥伴？喜歡那些總是在抱怨的人，還是那些樂於助人、有活力、值得信任的人？

在困苦的環境中，抱怨是無濟於事的，只有透過努力才可以改善處境，走向快樂的未來。

不要做自己心理上的奴隸

許多人認為，自己受到老闆和主管的壓榨和奴役，事實上並非如此，真正壓榨和奴役他們的不是老闆和主管，而是他們自己。

這些人整天抱怨，說自己像一個奴隸一樣被人役使，他們的內心逐漸產生低人一等的心態，真正變成一個奴隸。

我們應該培養高貴的品格，就可以使自己超越奴隸的層次。抱怨自己是別人的奴隸之前，先看看自己是否是自己的奴隸。

經常反省自己，正視自己的心靈，不要過於放縱自己。如此一來，你一定會發現，自己的心裡隱藏很多猥瑣的欲望和卑劣的想法，甚至是不加思考就順從的習慣，無形之中成為自己的奴隸。

改正你的想法，不要再做自己的奴隸，就沒有人可以壓榨和奴役你。

想要戰勝別人，首先要戰勝自己；戰勝自己以後，就有戰勝逆境的勇氣，就可以順利地戰勝困難。

我們要努力擺脫自私與狹隘的思想，追求無私和永恆的境界。更重要的是，擺脫自己是受害者的錯覺，深入瞭解自己的內心，你會發現，傷害自己的其實是你自己，並非別人。

前一段日子，我應邀參加一家公司的年會，並且在會議上發表演說，得到熱烈的掌聲。

年會上，有一位名叫哈利的老人當場宣布退休，公司董事長喬治站起來致辭，宣稱哈利先生對他們的公司多麼的有價值，以及現在他要退休，他們對他多麼的懷念。

年會結束以後，哈利先生就像被人們遺忘一樣，落寞地坐在角落裡。他長歎一口氣，對我說：「先生，你是否可以給我30分鐘的時間，我想要跟你說話，我的心裡非常鬱悶。」

面對一位老人，我無法拒絕他這樣的請求，於是帶他到我住宿的旅館，端上一些飲料和三明治，我們準備一邊吃一邊聊。

坐定之後，我首先引起話題：「你在公司待了那麼多年，可謂是勞苦功高，今天晚上光榮退休，真是值得祝賀。」

我以為哈利先生也會將這件事情引以為傲，然而哈利先生卻說：「其實，我不知道應該說什麼，今天我不快樂，這是我一生中最不快樂的夜晚。」

「為什麼？我不懂你的意思。」我好奇地問。

其實，我知道一些他的事情，對於他的感慨，我不感到驚訝，但是我想要使他認為我很驚訝，這樣也許他的內心會好受一些。

哈利先生說：「今天晚上，我只是坐在那裡，結束我的職業生涯。到這個時候，我終於感到自己一事無成，真的是徹底地失敗。」

老人這種無望的感覺，我看了很難過，於是問：「哈利先生，你現在才65歲，之後你準備做什麼？」

老人歎了一口氣，然後說：「我還可以做什麼？我會很快搬到養老院，在那裡終老。不必擔心，我有一筆退休金以及社會保險金，這些錢足夠我養老了。」說完這些，他痛苦地說：「這就是我以後的生活。」

聽了他的話，我也有些悲傷，於是我們陷入沉默之中。

過了一會兒，他從口袋中取出今天晚上拿到的退休紀念錶，然後說：「我想要把這支紀念錶丟掉，我不希望讓時間記錄這些痛苦的回憶。」至此，哈利先生已經放鬆下來，他繼續說：「今天晚上，董事長喬治先生站起來致辭的時候，你可能無法想像我當時是多麼難過。喬治先生和我同時進入公司，但是他好學上進，結果逐步升遷，我卻總是認為我的所作所為已經對得起公司付給我的薪水。」

「然而，時至今日，我在公司領到的薪水最多只有7,250美元，但是喬治先生領到的薪水是我的10倍，還不包括各種紅利以及其他福利。我想起這件事情的時候，心裡就會很難過。我很清楚，我不比喬治先生差，但是他比我可以吃苦，可以經得起磨練，可以完全投入工作。」

「其實，在公司的這幾年，我也有很多機會，甚至有許多被升遷的機會，例如：我在公司待了五年以後，公司要我去南方管理分公司，這是一個多麼好的機會，但是我自己放棄了，因為我覺得自己沒有能力，也沒有興趣。回想起來，確實是這樣，每次這種絕好的機會到來的時候，我總是找一些藉口來加以拒絕。現在，我退休了，一切都已經過去了，我想要再拒絕也沒有機會。其實，如果再有這樣的機會，我不會再拒絕。時至今日，除了年老的年齡，我什麼也沒有得到，往事真是不堪回首啊！」

我們可以看到，在哈利的一生中，他一直游移不定，沒有任何實際目標。他懼怕面對困難，害怕承擔責任，經歷許多虛度年華的日子。

其實，跟哈利先生一樣的人不在少數，這些人總是把自己判入終身的心理奴隸的牢籠中。這種奴隸不限於某種類型的工作，他們有可能在辦公室中，在商店裡，在農場上。

這種奴隸的存在是他們自己選擇的結果，而不是被其他人強迫去當奴隸。他們之所以會選擇當奴隸，是因為他們不知道如何改變自己的心態，不知道怎樣獲得解脫與自由，到了徹底明白的那一天，什麼都已經來不及了。

| 第八章 |

對待細節：謹慎、專注、耐心

密斯・凡德羅是二十世紀世界上最偉大的建築師之一，他被要求用一句話來描述他成功的原因，只說了五個字：「魔鬼在細節。」他反覆強調，無論你的建築設計方案如何恢宏大氣，如果無法準確把握看似小事的細節，就不能算是一件好作品。

走好每一小步，才可以跨出一大步

成就卓越的過程，就像是爬山的過程。走好平凡的碎步，才可以攀登上巍峨的高山。

勝利在高山的頂峰上，我們不可能直接飛上山頂，必須一步一腳印地爬上高山。這些腳印是平凡的，正是這些平凡的碎步，才讓我們有機會站在頂峰上。所以，我們心存高遠的時候，不要忽略每個平凡的細節，正如現在細枝上的幼芽，是成就滿園春色的基礎。

有一個關於「百合谷」的故事：

在一個偏僻的山谷裡，有一個高達數千尺的斷崖。不知道什麼時候，斷崖上長出一株百合。

百合剛破土的時候，長得和雜草一樣。但是，它知道自己不是一株野草。它的內心深處，有一個純潔的念頭：「我是一株百合，不是野草。唯一可以證明我是百合的方法，就是開出美麗的花朵。有這個念頭以後，百合努力地吸收水分和陽光，深深地扎根，直直地挺著胸膛。終於在一個春天的清晨，百合的頂部結出第一個花苞。

百合的心裡很高興，附近的雜草卻很不屑，它們在私底下嘲笑百合：「這個傢伙是一株草，卻說自己是一株花，它的頂部結出的不是花苞，而是長瘤了。」

在公開場合，它們諷刺百合：「你不要做夢了，即使你真的會開花，在這個荒郊野外，你的價值還不是跟我們一樣。」

偶爾也有飛過的蜂蝶鳥雀，牠們也會勸百合不必那麼努力開花：「在這個斷崖上，即使開出世界上最美麗的花朵，也不會有人來欣賞！」

百合說：「我要開花，是因為我知道自己有美麗的花朵；我要開花，是為了完成作為一株花的莊嚴使命；我要開花，是由於自己喜歡以花來證明自己的存在。不管有沒有人欣賞，不管你們怎麼看待我，我都要開花！」

在野草和蜂蝶的鄙視下，百合努力地釋放內心的能量。有一天，它終於開花了，它靈性的潔白和秀挺的風姿，成為斷崖上最美麗的顏色。這個時候，野草與蜂蝶再也不敢嘲笑它。

百合花一朵一朵地盛開，花朵上每天都有晶瑩的水珠，野草以為那是昨天夜裡的露水，只有百合自己知道，那是深沉的歡喜結出的淚滴。

每年春天，百合努力地開花、結籽。它的種子隨著微風，落在山谷、草原、懸崖上，到處都開滿潔白的百合。

幾十年以後，遠在百里以外的人，從城市，從鄉村，都趕來欣賞百合花。許多孩童跪下來，聞嗅百合花的芬芳；許多情侶互相擁抱，許下「百年好合」的誓言；許多人看到這種從未見過的美，感動得落淚，觸動內心純淨溫柔的角落。

那裡，被人們稱為「百合谷」。不管人們如何欣賞，滿山的百合花謹記第一株百合的教導：「我們要全心全意默默地開花，以花朵來證明自己的存在。」

這就是累積的力量，就像滾雪球一樣，想要從山坡上滾落下來的雪球越滾越大，就要以堅實的內核作為起點。眾所周知，滾雪球的起點不是一團散雪，而是一個緊密的雪核，否則滾不了多久，就會從中散開。成功也是同樣的道理：扎實的基礎，是成功的法寶。事實上，沒有突如其來的勝利，也沒有從天而降的成功。想要讓成功降臨到自己身上，就要踏實地走好腳下的路，實現從一小步到一大步的跨越。如果你忽略這一小步的非凡意義，就會在成功的道路上止步不前。

重視細節，在細節之處做到完美

在全球經濟走向「精細化」的現代社會，「重視細節」的能力成為我們立身處世的本錢。可以將細節完美化的人，必定是組織和企業裡炙手可熱的人物。成就大事的能力，就是在許多平凡的細節中累積而成。

吉姆21歲的時候進入一家集團公司，他被派往紐約分公司進行財務工作。在工作中，他發現分公司的財務軟體與總公司之間有一些問題。這套財務軟體來自一家著名的電腦公司，它的強大功能不容置疑。但是，問題確實存在，儘管只是小問題，但是處理起來非常繁瑣，並且不可避免地會造成一些錯誤。

吉姆決定改善這套軟體，他請教許多相關專業的朋友，經過幾個月的努力，他達到預期的目標。

改善以後的軟體被應用於財務工作中，員工反映非常好。幾個月以後，董事長到紐約分公司視察，吉姆為他示範這套軟體，董事長立刻發現這套軟體的優越性能。很快，這套軟體被推廣到集團在美國的各個分公司。

三年以後，吉姆成為集團最年輕的分公司經理。

工作中有許多細節，往往是被人們忽略的地方，有心的員工會在別人沒有注意到的地方留心，把每個細節做到盡善盡美。如此敬業的工作態度，讓他們無法不耀眼。重視細節，在老闆看來，也許是填缺補漏，但是過一段時間，考慮事情周到的作風就會印在老闆的心中。

一個年輕人在家鄉做鐵匠，但是因為日子不好過，所以想要到城市碰運氣，他到一家工廠工作。

但是三個月之後，他對朋友抱怨，說自己不想再待在那裡，「這份工作讓我非常厭煩！你知道嗎，我每天的工作只是在生產線上把螺絲轉到它應該待的地方，每日每夜地只是重複同一個動作，讓我覺得自己像一個傻子！」

朋友建議他再做一個月，他悶悶不樂地回去了。

但是一個星期之後，他興高采烈地來找朋友：「你知道嗎？我現在覺得這份工作真是棒極了！今天我在轉螺絲的時候，發現那個地方有一條裂縫，於是我去找主管，把這件事情告訴他。他以前只會板著臉監視我們，但是今天，他竟然對我笑了，並且在其他員工的面前稱讚我！」

一個月過去，他再次來找朋友：「你知道嗎？今天主管來巡視工廠，我對他說：『為什麼不把機器吊高一點，讓我轉螺絲的速度可以更快？』主管聽了我的話，竟然認真地觀察我的工作，然後說他會考慮。」

朋友笑著問他：「你還想要辭掉這份讓你厭煩的工作嗎？」

「你在開什麼玩笑！」他拍著朋友的肩膀說，「這份工作需要我，我現在非常喜歡這份工作！」

只有深入細節中，才可以從細節中獲得回報。細節是一種創造，產生效益，帶來成功。

1961年4月12日，蘇聯太空人加加林乘坐「東方一號」太空船進入太空遨遊89分鐘，成為世界上第一個進入太空的太空人。他為什麼可以從二十多個太空人之中脫穎而出？

原來，在確定人選以前一個星期，太空船的主設計師科羅廖夫發現，在進入太空船以前，只有加加林脫下鞋子，穿著襪子進入座艙。就是這個細小的舉動，立刻贏得科羅廖夫的好感，他覺得這個27歲的青年既懂規矩，又如此珍愛他傾注心血的太空船，於是決定讓加加林執行人類首次太空飛行的神聖使命。

透過一個不經意的細節，加加林表現自己珍愛別人工作成果的修養和素質，使自己成為遨遊太空的第一人。

加加林是細節的受益者，然而因為細節的不慎導致錯失機會的也大有人在。

有一家公司應徵員工，報酬豐厚，要求嚴格。一些高學歷的年輕人過五關斬六將，幾乎就要如願以償。最後一關是總經理面試，到了面試時間，總經理突然說：「我有一些事情要處理，請等我10分鐘。」總經理離開以後，這些人在總經理的辦公室翻閱文件。

10分鐘以後，總經理回來了，宣布：「面試已經結束，很遺憾，你們沒有被錄取。」這些人驚訝不已：「面試還沒有開始！」總經理說：「我不在的時候，你們的表現就是面試，我們不能錄取隨便翻閱別人文件的人。」這些人全都傻了。

成也細節，敗也細節。在生活中，很多人就是因為這些細節，錯失成功的機會。那些可以抓住細節的人，經常獲得意想不到的成功。

不輕視小事，認真把小事做好

每一天，我們彷彿都在焦躁地等待，等待自己被委以重任，施展自己的抱負，顯露自己的才華，不甘於庸碌平凡地度過餘生。但是，我們做的是一些微不足道的小事，我們開始自怨自艾、怨天尤人。對待平凡瑣碎的工作，缺少熱情，敷衍了事。殊不知，機會就在這些無謂的歎息中，悄悄地溜走。

「每個人做的工作，都是由許多小事構成的……所有的成功者，與我們都做著同樣簡單的小事，唯一的區別是：他們從來不認為自己做的事情是簡單的事情。」這是《沒有任何藉口》一書中的一段話，平實無華卻意味深長。其實，人生就是由許多微不足道的小事構成的。

所以，在平時工作中，不要輕視你身邊的任何一件小事，即使是再簡單的工作，也要把它做到完美。在認真做好每件小事的過程中，會提升你的工作能力，調整你的工作態度，進而獲得主管和同事的認同和肯定，你良好的個人形象也會在潛移默化中形成。

有一個大學畢業的少女，非常嚮往記者的工作，於是去電視台報考。她被錄取了，但是由於沒有記者的空缺，經理叫她暫時做一些為同事泡茶的工作。作為一個滿懷夢想的大學生，只為同事泡茶，心裡非常失望。但是，想到公司不是故意輕視她，待遇也不錯，就安慰自己不要著急，將來還是有機會。於是，她坦然地去上班，每天為同事泡茶。

三個月過去了，她開始抱怨：「我是一個大學生，為什麼每天要為你們泡茶？」這樣一想，她泡茶的時候不像從前那麼愉快，泡出來的茶也不像從前那麼好喝，但是她並未察覺。

又過了一段時間，有一天，她端茶給經理喝，經理喝了，立刻破口大罵：「你是怎麼泡茶的，難喝得要命！虧你還是大學畢業，竟然不會泡茶？」

她真的氣炸了，幾乎哭了出來：「誰要在這個鬼地方繼續泡茶？」就在她準備辭職的時候，突然來了重要訪客，必須熱切招待。她只好收拾起不滿與委屈，心想反正要離開了，用心泡一壺茶吧！

於是，她認真地泡茶，把茶端進去要轉身離開的時候，突然聽到客戶由衷的讚歎：「哇！茶泡得真好！」其他的同事，包括那位經理，也是情不自禁地讚美：「這壺茶真的特別好喝！」就在那一刻，她自己也呆住了。只是一杯茶而已，竟然造成那麼大的差異，或是被主管責罵，或是被同事稱讚，茶中顯然有深奧的學問，要仔細地研究。

從此以後，她悉心琢磨水溫、茶葉、茶量，也細心體會同事的喜好，甚至對自己泡茶的心情狀態會帶來的結果也瞭若指掌。很快，她成為公司的靈魂人物。不久以後，她被升為經理，因為老闆認為：「那麼專心泡茶的人，一定是難得的人才！」

有一個人，年幼因為家境貧寒而無力承擔學費，被迫輟學，離鄉背井去外地工作。在工作的時候，他總是留心老闆經營米店的竅門，學習做生意，透過努力，他開了一家米店。由於當時技術比較落後，出售的米裡經常有沙粒和石頭……這不是什麼奇怪的事情，買賣雙方都是見怪不怪。但是他沒有忽視這個看似不起眼的問題，每次在賣米的時候，他都會把米裡的雜物撿乾淨。他的這個舉動，不僅反映出他的細心周到，而且深受顧客的信任和歡迎。

然而，即使這樣，他也沒有滿足，而是更用心地計算顧客的消耗量，設定標準，把握時間，制定比例，估計顧客快要缺米了，就會主動把米送到顧客家中。這種考慮周到的細緻服務，受到顧客的肯定，不僅使顧客感到方便，也使自己的米店留下美名，日銷量從開業之初的12斗米，發展到後來的100多斗米。

就這樣，他堅持日復一日的細心服務，最終走向成功。

除去米粒裡的沙粒，用心計算顧客的消耗量，把握時間，制定比例，這些看似小事，微不足道，但是堅持做好這些小事的時候，就可以走向卓越。可見，成就大事的人，不會忽略和輕視小事，而是努力從小事做起，認真把小事做好。

智者善於以小見大，從平淡無奇的瑣事中悟道。他們不會把處理瑣碎的小事當作是一種負累，而是當作一種經驗的累積過程，當作成就宏圖偉業的必經之路。

「不積跬步，無以致千里；不積小流，無以成江海。」卓越不可能一蹴而就，而是需要不斷地累積。

把平凡的事情做好，就是不平凡

無論你從事的工作多麼平凡，只要把它做好，就有機會。把平凡的事情做好，就是不平凡。所以，無論你目前從事什麼工作，都不要輕言放棄，更不要放棄自己！

有一個名叫艾倫的孩子，9歲的時候，在他祖父的農場裡，開始他的第一份工作——撿拾牧場上的牛糞。一般的孩子都嫌棄這份工作，艾倫卻做得好極了。由於他撿牛糞表現出色，祖父給他一個嚮往已久的工作——放牧馬匹。這件事情對艾倫影響很大，使他堅信：無論你從事的工作多麼平凡，只要把它做好，就有機會。

長大以後，他從每個星期賺1美元的肉鋪工人做起，這份工作雖然又累又髒，但是他做得很出色，因為他沒有改變他的人生信條：只要把它做好，就有機會。

後來，他成為每個星期薪水50美元的美聯社記者。

再後來，他成為美國閱讀層面最廣的報紙《今日美國》的總編輯。

艾倫的人生信條告訴我們，最重要的是把自己的工作做好，無論這份工作多麼平凡，只要把它做好，就可以成為我們晉升的階梯。

「把簡單的事情做好，就是不簡單；把平凡的事情做好，就是不平凡。」很多視之為座右銘的人，都在平凡的職位上，在平凡的日子裡，書寫不平凡的人生篇章。

「把平凡的事情做好」，說起來容易，做起來困難，必須做到以下幾點：

第一，敢於承擔、勇於負責。我們在生活中會扮演許多角色，必須承擔家庭責任、社會責任、工作責任。例如：在現代社會中，一個女人在家裡既為人妻、又為人母、還為人女，想要把平凡的事情做好，使家人滿意，只有愛心是不夠的，還要有高度的責任心。

第二，不怕吃虧、樂於助人。對所有事情斤斤計較，害怕吃虧，這樣可以把事情做好，恐怕是癡人說夢吧！只有樂於助人、甘願吃虧、大公無私、為別人著想的人，才可以把平凡的事情做好。

第三，追求卓越、追求完美。做事的時候，如果抱持得過且過的態度，絕對不可能把事情做好。只有做事一絲不苟、精益求精、追求完美的人，才可以把平凡的事情做好。

事實上，只有把每個細節做好，才可以把平凡的事情做好。

即使事情再多，也要一件一件處理

無論你今天多麼忙碌，時間多麼緊迫，事情多麼繁雜，還是要一件一件處理。

一位卓越的領導者曾經向別人談起他遇到的兩個人。

第一個是個性急躁的人，不管你在什麼時候遇見他，他都是心急如焚的樣子。如果要和他談話，他只能拿出幾分鐘的時間，時間稍長一點，他就會不斷地伸手看錶，暗示你，他的時間很緊迫。他公司的業務雖然很大，但是開銷更大。究其原因，主要是他在工作安排上亂七八糟，毫無秩序。

他做事的時候毫無章法，經常被雜亂的東西阻礙。結果，他的事務一團糟，他的辦公桌就是一個垃圾堆。他像一個旋轉的陀螺般不停地忙碌，沒有時間整理自己的東西，即使有時間，也不知道如何整理和安放。

第二個人和第一個人正好相反。你從來看不到他忙碌的樣子，他做事非常鎮靜，總是平靜而溫和。別人和他討論事情，他總是彬彬有禮。在他的公司裡，所有員工寂靜無聲地埋頭工作，各種東西安放得有條不紊。他富有特色的講求秩序的作風，影響並且帶動公司的員工，做事的時候都是有條不紊，整個公司秩序井然。

不難看出，在工作的過程中，只要處理事情的時候有條不紊，就可以讓自己心神安定，就可以充分地利用有限的時間，提高做事的效率。

然而在現實中，許多人經常覺得自己沒有充足的時間和豐沛的精力去完成任務，並且因為工作中遇到的阻礙而感到焦慮，給自己的心理上施加很大的壓力。其實，想要同時做幾件事情，是引起情緒緊張的主要原因之一。在生活中，我們經常在做某件事情的同時，還在思考如何處理其他事情，想到還有很多事情沒有完成，就會亂了手腳，不知道先做哪一件，似乎每件事情都很重要。

這種為許多事情而焦慮不安的情緒，不是來自於事情本身，而是我們的想法所導致。這種急躁的情緒，會導致我們什麼也做不成。唯一可以克服這種情緒的方法，就是要求自己有次序地處理事情，也就是：做完一件事情以後，再做下一件事情。

心理學家表示，造成現在許多人認為自己匆忙和煩惱的原因是職責和義務在他們的心理上形成一種錯誤的圖像，似乎隨時會有什麼事情等待他們去做。心理學家同時指出，無論我們今天多麼忙碌，時間多麼緊迫，也要安排事情的次序，一件一件地解決。

假如你用了一天的時間還沒有處理完某件事情，就要停止考慮它，先解決另一件事情。這樣不會浪費太多的時間，就像你坐在考場上答題，不可以把所有時間用來考慮某道題目應該怎麼做，這樣會沒有時間去做那些原本對你而言簡單的題目，也不會取得好成績。

此外，不要在做某件事情的時候，心裡又思考另一件事情，這樣只會導致你的思想混亂，沒有條理，進而產生困惑和焦慮。只有把自己的思想集中在一件事情上，進行充分的思考，才可以從雜亂無章的事情中解放出來。一件一件地做事，不僅有助於你提高工作效率，還會讓你從中獲得樂趣。

附錄一　哈伯德成功信條

我相信我自己。

我相信我銷售的商品。

我相信我所在的公司。

我相信我的同事和助手。

我相信我國的商業方式。

我相信生產者、創造者、製造者、銷售者，以及世界上所有正在努力工作的人。

我相信只要是真理就是有價值的。

我相信愉快的心情，我相信健康的生命。我相信成功的關鍵不是賺錢，而是價值的提升。

我相信空氣、陽光、菠菜、蘋果醬、優酪乳、嬰兒、羽綢、雪紡綢。請始終記住：人類的語言中，最偉大的詞彙是「自信」。

我相信自己銷售一件產品，就可以交到一個新朋友。

我相信自己與一個人分別的時候，一定要做到我們再見面的時候，他看到我很高興，我見到他也很高興。

我相信工作的雙手，思考的大腦，裝滿愛的心靈。

阿門，阿門！

附錄二　把信送給加西亞（英文原文）

A Message to Garcia

In all this Cuban business, there is one man stands out on the horizon of my memory like Mars at perihelion.

When war broke out between Spain and the United States, it was very necessary to communicate quickly with the leader of the Insurgents. Garcia was somewhere in the mountain fastnesses of Cuba—no one knew where. No mail nor telegraph message could reach him. The President must secure his cooperation, and quickly.

What to do!

Someone said to the President, "There's a fellow by the name of Rowan will find Garcia for you, if anybody can."

Rowan was sent for and given a letter to be delivered to Garcia. How "the fellow by the name of Rowan" took the letter, sealed it up in an oil-skin pouch, strapped it over his heart, in four days landed by night off the coast of Cuba from an open boat, disappeared into the jungle, and in three weeks came out on the other side of the Island, having traversed a hostile country on foot, and delivered his letter to Garcia, are things I have no special desire now to tell in detail. The point I wish to make is this: McKinley gave Rowan a letter to be delivered to Garcia; Rowan took the letter and did not ask, "Where is he at?"

By the Eternal! There is a man whose form should be cast in deathless bronze and the statue placed in every college of the land. It is not book-learning young men need, nor instruction about this and that, but a stiffening of the vertebrae which will cause them to be loyal to a trust, to act promptly, concentrate their energies: do the thing—"Carry a message to Garcia!"

General Garcia is dead now, but there are other Garcias. No man, who has endeavored to carry out an enterprise where many hands were needed, but has been well-nigh appalled at times by the imbecility of the average man—the inability or unwillingness to concentrate on a thing and do it.

Slip-shod assistance, foolish inattention, dowdy indifference, and half hearted work seem the rule; and no man succeeds, unless by hook or crook, or threat, he forces or bribes other men to assist him; or mayhap, God in His goodness performs a miracle, and sends him an Angel of Light for an assistant.

You, reader, put this matter to a test: You are sitting now in your office—six clerks are within call. Summon any one and make this request: "Please look in the encyclopedia and make a brief memorandum for me concerning the life of Correggio."

Will the clerk quietly say, "Yes,sir," and go do the task?

On your life, he will not. He will look at you out of a fishy eye and ask one or more of the following questions:

Who was he?

Which encyclopedia?

Where is the encyclopedia?

Was I hired for that?

Don't you mean Bismarck?

What's the matter with Charlie doing it?

Is he dead?

Is there any hurry?

Shan't I bring you the book and let you look it up yourself?

What do you want to know for?

And I will lay you ten to one that after you have answered the questions, and explained how to find the information, and why you want it, the clerk will go off and get one of the other clerks to help him try to find Garcia—and then come back and tell you there is no such man. Of course I may lose my bet, but according to the Law of Average, I will not.

Now if you are wise, you will not bother to explain to your "assistant" that Correggio is indexed under the C's, not in the K's, but you will smile very sweetly and say, "Never mind," and go look it up yourself. And this incapacity for independent action, this moral stupidity, this infirmity of the will, this unwillingness to cheerfully catch hold and lift, are the things that put pure Socialism so far into the future. If men will not act for themselves, what will they do when the benefit of their effort is for all?

A first-mate with knotted club seems necessary; and the dread of getting "the bounce" Saturday night, holds many a worker to his place.

Advertise for a stenographer, and nine out of ten who apply can neither spell nor punctuate—and do not think it necessary to.

Can such a one write a letter to Garcia?

"You see that bookkeeper," said the foreman to me in a large factory.

"Yes, what about him?"

"Well he's a fine accountant, but if I'd send him up town on an errand, he might accomplish the errand all right, and on the other hand, might stop at four saloons on the way, and when he got to Main Street, would forget what he had been sent for."

Can such a man be entrusted to carry a message to Garcia?

We have recently been hearing much maudlin sympathy expressed for the "down-trodden denizen of the sweat-shop" and the "homeless wanderer searching for honest employment," and with it all often go many hard words for the men in power.

Nothing is said about the employer who grows old before his time in a vain attempt to get frowsy ne'er-do-wells to do intelligent work; and his long, patient striving after "help" that does nothing but loaf when his back is turned.

In every store and factory there is a constant weeding-out process going on. The employer is constantly sending away "help" that have shown their incapacity to further the interests of the business, and others are being taken on. No matter how good times are, this sorting continues, only if times are hard and work is scarce, the sorting is done finer—but out and forever out, the incompetent and unworthy go. It is the survival of the fittest. Self-interest prompts every employer to keep the best—those who can carry a message to

Garcia.

I know one man of really brilliant parts who has not the ability to manage a business of his own, and yet who is absolutely worthless to anyone else, because he carries with him constantly the insane suspicion that his employer is oppressing, or intending to oppress him. He cannot give orders; and he will not receive them. Should a message be given him to take to Garcia, his answer would probably be, "Take it yourself."

Tonight this man walks the streets looking for work, the wind whistling through his threadbare coat. No one who knows him dare employ him, for he is a regular firebrand of discontent. He is impervious to reason, and the only thing that can impress him is the toe of a thick-soled No.9 boot.

Of course I know that one so morally deformed is no less to be pitied than a physical cripple; but in our pitying, let us drop a tear, too, for the men who are striving to carry on a great enterprise, whose working hours are not limited by the whistle, and whose hair is fast turning white through the struggle to hold in line dowdy indifference, slipshod imbecility, and the heartless ingratitude which, but for their enterprise, would be both hungry and homeless.

Have I put the matter too strongly? Possibly I have; but when all the world has gone a-slumming I wish to speak a word of sympathy for the man who succeeds—the man who, against great odds, has directed the efforts of others, and having succeeded, finds there's nothing in it: nothing but bare board and clothes.

I have carried a dinner pail and worked for day's wages, and I have also been an employer of labor, and I know there is something to be said on both sides. There is no excellence, per se, in poverty; rags are no recommendation; and all employers are not rapacious and high-handed, any more than all poor men are virtuous.

My heart goes out to the man who does his work when the "boss" is away, as well as when he is at home. And the man who, when given a letter for Garcia, quietly takes the missive, without asking any idiotic questions, and with no lurking intention of chucking it into the nearest sewer, or of doing aught else but deliver it, never gets "laid off," nor has to go on a strike for higher wages.

Civilization is one long anxious search for just such individuals.

Anything such a man asks shall be granted; his kind is so rare that no employer can afford to let him go. He is wanted in every city, town, and village in every office, shop, store and factory. The world cries out for such: he is needed, and needed badly—the man who can "Carry a Message to Garcia".

Elbert Hubbard

1899

心學堂 21

把信送給加西亞

A Message to Garcia

作者　阿爾伯特・哈伯德
譯者　李慧泉
美術構成　騾賴耙工作室
封面設計　九角文化/設計
發行人　羅清維
企劃執行　張緯倫、林義傑
責任行政　陳淑貞

企劃出版　海鷹文化
出版登記　行政院新聞局局版北市業字第780號
發行部　台北市信義區林口街54-4號1樓
電話　02-2727-3008
傳真　02-2727-0603
E-mail　seadove.book@msa.hinet.net

總經銷　知遠文化事業有限公司
地址　新北市深坑區北深路三段155巷25號5樓
電話　02-2664-8800
傳真　02-2664-8801
網址　www.booknews.com.tw

香港總經銷　和平圖書有限公司
地址　香港柴灣嘉業街12號百樂門大廈17樓
電話　（852）2804-6687
傳真　（852）2804-6409

CVS總代理　美璟文化有限公司
電話　02-2723-9968
E-mail　net@uth.com.tw

出版日期　2023年01月01日　一版一刷
定價　230元
郵政劃撥　18989626　戶名：海鴿文化出版圖書有限公司

國家圖書館出版品預行編目（CIP）資料

把信送給加西亞 ／ 阿爾伯特・哈伯德作 ； 李慧泉譯.
-- 一版. -- 臺北市 ： 海鴿文化，2023.01
面 ； 公分. --（心學堂；21）
ISBN 978-986-392-474-6（平裝）

1. 職業倫理　2. 責任　3. 通俗作品

198　　111020229